GARTEN KOMPAKT

EIN- UND ZWEIJÄHRIGE

RICHARD ROSENFELD

DORLING KINDERSLEY

DORLING KINDERSLEY
LONDON, NEW YORK, MÜNCHEN, MELBOURNE, DELHI

Projektbetreuung Zia Allaway
Reihenbildbetreuung Alison Donovan
Bildlektorat Ann Thompson
Lektorat Victoria Willan
Cheflektorat Anna Kruger
Chefbildlektorat Lee Griffiths
Beratung Louise Abbott
DTP-Design Louise Waller
Medien Richard Dabb, Lucy Claxton
Bildrecherche Bridget Tily
Herstellungsleitung Mandy Inness

Einleitungstext Zia Allaway

Bibliografische Information Der Deutschen Bibliothek
Die Deutsche Bibliothek verzeichnet diese Publikation
in der Deutschen Nationalbibliografie;
detaillierte bibliografische Daten sind im Internet über
http://dnb.ddb.de abrufbar.

Titel der englischen Originalausgabe:
Annuals & Biennials

Übersetzung Barbara Kiesewetter
Redaktion Dr. Christa Söhl

ISBN 3-8310-0547-8

Printed and bound in Italy by Trento

Ein- und Zweijährige im Garten

Stellen Sie sich einen Sommertag vor – ein Meer von Blumen wiegt sich im Sonnenlicht, Schmetterlinge gaukeln von Blüte zu Blüte, süßer Duft weht mit einer warmen Brise heran. Ein Bild wie aus einem Traum, aber eines, das mit einer Hand voll Samen und etwas nackter Erde leicht wahr werden kann. Wenn Sie im Frühjahr Einjährige aussäen, bekommen Sie Ihr persönliches Paradies innerhalb weniger Wochen; Zweijährige brauchen etwas länger.

Einjährige sind Pflanzen, die innerhalb eines Jahres keimen, wachsen und absterben. Die meisten produzieren in einer Saison eine Vielzahl von Blüten und Samen, sodass neue Pflanzen für das nächste Jahr garantiert sind.

Winterharte Einjährige wachsen am leichtesten und können vom frühen Frühjahr an dort ausgesät werden, wo Sie sie haben wollen. Halbharte und empfindliche Sorten sollte man zur selben Zeit oder sogar etwas früher aussäen, aber in einem frostfreien Raum wie einem Gewächshaus oder auf einer sonnigen Fensterbank.

Zweijährige bilden im ersten Jahr Blätter und das Wurzelsystem, erst im folgenden Jahr blühen sie, bilden Samen und sterben ab. Wie Einjährige produzieren sie reichlich Samen, aus denen im folgenden Jahr neue Pflanzen wachsen. Viele Zweijährige säen sich selbst aus, und die Sämlinge können an einen anderen Platz des Gartens verpflanzt werden.

◄ **Ein Garten mit zarten und eleganten** Gänseblümchen vor pastellfarbenen Blau- und Pinktönen ist herrlich nach einem Tag voller Stress.

► **Tief purpurfarbene Glockenblumen** gehören zu den schönsten Zweijährigen.

Ein Wildgarten voller Blumen mit einer Auswahl an Ein- und Zweijährigen, die Schmetterlinge anlocken.

Ein- und Zweijährige verwenden

Ein- und Zweijährige können vielfältig eingesetzt werden. Eine sommerliche Terrasse wäre ohne Töpfe und Hängekörbe mit Petunien, Fleißigen Lieschen (*Impatiens*) und Hängelobelien unvollständig. Kombinieren Sie diese farbenfrohen Pflanzen für Körbe mit duftenden Einjährigen wie Levkojen (*Matthiola*) und Ziertabak (*Nicotiana*), die man in Töpfe pflanzen und nah am Haus oder an Sitzplätzen aufstellen kann. Ein- und Zweijährige beeindrucken aber auch in Beeten und Rabatten, wo sie mit ihrer dauerhaften Blüte den ganzen Sommer hindurch nur schwer zu schlagen sind. Ihre Vielfalt bietet eine Auswahl für alle Gartenstile.

Formal gestaltete Beete können in ordentliche Reihen unterteilt werden oder in Muster, die aus goldgelben Ringelblumen, Pelargonien, Salbei oder Löwenmäulchen (*Antirrhinum*) bestehen. Informell gestaltete Gärten werden mit Massen von Gräsern, Mohn, Jungfer im Grünen und Kornblumen bepflanzt und bieten eine natürliche Szenerie, indem sie an Wiesen mit Wildblumen erinnern. Ein- und Zweijährige leisten auch ihren Beitrag zur Tierwelt: Sumpfblume (*Limnanthes*) und Ringelblume locken Bienen und andere nützliche Insekten an, während die Samen der Karde (*Dipsacus*) für Stieglitze unwiderstehlich sind.

Blatteffekte

Wenngleich Ein- und Zweijährige meist wegen ihrer Blüten verwendet werden, gibt es unter ihnen auch Blattpflanzen. Die wunderschönen handförmigen, tief purpurroten Blätter der

Liebhaber von Farben schätzen die Pracht von Beeten und Rabatten mit leuchtenden Einjährigen.

Dieser verblüffende Anblick mitten im Winter ist möglich mit farbenprächtigen Stiefmütterchen oder fröhlichen Veilchen.

Rizinuspflanze (*Ricinus communis*) verleihen einem Garten im exotischen Stil ein architektonisches Element, und die Buntnesseln (*Solenostemon*) mit ihrem bezeichnenden Namen setzen mit ihren leuchtenden Blättern Blumenbeete quasi in Flammen.

Diese vergänglichen Pflanzen sind auch für Lücken in gemischten Rabatten nützlich, vor allem dort, wo junge, ausdauernde Pflanzen und Sträucher ihre Wurzeln ausstrecken, aber den ihnen zugewiesenen Platz noch nicht füllen.

Winterblüher

Auch wenn der späte Frühling und der frühe Sommer die Hauptsaison für Ein- und Zweijährige sind, gibt es eine kleine Auswahl, die das Blütenspektakel das ganze Jahr über fortsetzt. Garten-Stiefmütterchen blühen an einem geschützten Platz auch im Winter, und vom zeitigen Frühjahr an zeigt der Zweijährige Goldlack (*Erysimum cheirii*) seine Blütenpracht und füllt die Luft mit seinem wunderbaren Duft. Die Blüten vieler Sorten kann man trocknen und für Trockenblumen-Arrangements verwenden. Statice (*Limonium sinuatum*), Jungfer im Grünen und Hasenschwanzgras (*Lagurus ovatus*) verbinden Farbe, Form und Struktur und bilden ein dauerhaftes Arrangement für das Haus.

Töpfe mit Primeln an einem warmen, schattigen Platz bringen Farbe an kalten Tagen im Frühjahr.

Dieses Buch bietet die Möglichkeit, sich schnell über 300 der schönsten Ein- und Zweijährigen zu informieren. Manche kann man im Frühjahr als Jungpflanzen kaufen, andere sind als Samen erhältlich.

Körbe mit Blattpflanzen Eine Kombination aus Kapuzinerkresse mit Buntnesseln.

Einjährige aussäen

EINJÄHRIGE SIND LEICHT ZU ZIEHEN. Deshalb sind sie für Gärtner ideal, die gerne mit Farben, Formen und Strukturen experimentieren. Frostharte Einjährige können schon im Frühjahr an Ort und Stelle ausgesät werden, empfindlichere und zartere Sorten sät man besser im Haus aus und pflanzt die Pflänzchen aus, wenn keine Frostgefahr mehr besteht.

Frostharte Einjährige in Reihen in Rabatten aussäen

Planen Sie Ihre Pflanzung, um abzuschätzen, inwieweit Höhe und Farben der Pflanzen miteinander harmonieren.

Säen Sie in gerade, gewässerte Rillen, um zwischen Sämlingen und Unkraut gut unterscheiden zu können.

1 Markieren
Markieren Sie die Abschnitte für die verschiedenen Einjährigen. Geschwungene Bögen wirken natürlich.

2 Samen aussäen
Streuen Sie die Samen gleichmäßig und dünn in Reihen aus. Feine Samen mischt man mit Sand.

3 Samen bedecken
Schieben Sie vorsichtig Erde über die Reihen, drücken Sie sie fest und gießen Sie mit einer schwachen Brause.

4 Keimlinge ausdünnen
Jäten Sie überzählige Keimlinge vorsichtig aus, sodass zwischen den verbleibenden 5-6 cm Abstand bleibt.

Halbharte Einjährige aussäen

Sie benötigen kein temperiertes Gewächshaus, um halbharte oder empfindliche Einjährige zu kultivieren. Die meisten wachsen auch auf einer warmen Fensterbank sehr gut. Beugen Sie Schädlingen und Krankheiten vor, indem Sie Schalen und Töpfe in einem Sterilisator desinfizieren.

Säen Sie die Samen in gute Anzuchterde, bedecken Sie die Schalen mit Plastikfolie oder Glas, und stellen Sie sie im Haus an einen warmen Platz, nicht jedoch in die direkte Sonne. Wenn die Samen keimen, drehen Sie die Schalen täglich, damit die Keimlinge zum Licht hin wachsen.

1 Die Erde andrücken
Füllen Sie eine Schale mit Anzuchterde und drücken Sie sie vorsichtig bis etwa 1 cm unterhalb des Rands fest. Gießen Sie die Erde gut und lassen Sie sie trocknen.

2 Samen dünn aussäen
Bedecken Sie die Erde mit einer dünnen Schicht Samen. Beachten Sie die auf der Packung angegebene Aussaattiefe, da die meisten kleinen Samen Licht zum Keimen brauchen.

3 Die Schale abdecken
Damit die Erde feucht bleibt, bedeckt man die Schale mit Plastikfolie oder Glas. Stellen Sie die Samen an einen hellen Platz. Entfernen Sie die Abdeckung, sobald die Samen keimen.

Samen in Töpfe aussäen

Wenn Sie nur einige wenige Pflanzen benötigen, säen Sie die Samen in kleine Ton- oder Plastiktöpfe oder in kompostierbare Behälter. Drücken Sie die Erde nicht zu fest an und bedecken Sie die Samen nicht zu dick, da die Keimlinge sonst leicht lang, dünn und anfällig für Pilzkrankheiten werden.

Vermiculit verwenden
Vermiculit ähnelt Styropor und ist gut, um Samen abzudecken, die Licht zum Keimen brauchen. Es hilft, die Feuchtigkeit zu halten, lässt die Luft um die Samen zirkulieren und verringert das Risiko der Umfallkrankheit.

Pikieren

Wenn die Samen keimen, brauchen sie helles Licht und Feuchtigkeit. Bleiben sie zu lange in den Aussaatschalen, wachsen sie zu schnell und werden schwach. Um das zu vermeiden, pikiert man sie, sobald sie ein oder zwei richtige Blätter haben (diese entstehen nach den ersten beiden Blättern, den Keimblättern). Halten Sie die Keimlinge mit einer Sprühflasche gut feucht.

1 Keimlinge herausnehmen
Lösen Sie mit einem Holzstab vorsichtig die Erde von den Keimlingen und ziehen Sie sie an den Blättern heraus.

2 Keimlinge versetzen
Füllen Sie eine Schale mit frischer Erde und pflanzen Sie die Keimlinge gleichmäßig verteilt ein. Wässern Sie sie.

In Multitöpfe pikieren

Setzt man die jungen Keimlinge in Plastik- oder Polystyrol-Multitöpfe um, kann jeder sich an seinem Platz entwickeln, bis er umgetopft oder ausgepflanzt werden kann, wobei die Wurzeln so wenig wie möglich gestört werden. Multitöpfe häufig gießen, weil sie schnell austrocknen.

1 Keimlinge lockern
Statt die Keimlinge einzeln aus der Pflanzschale zu nehmen, entfernt man besser vorsichtig die Erde und löst die Pflänzchen behutsam vom Rand her ab.

2 Keimlinge umsetzen
Bohren Sie ein Loch in jeden Multitopf, setzen Sie den Keimling hinein und drücken Sie die Erde rundherum an.

Winterharte Zweijährige anziehen

ZWEIJÄHRIGE GEHÖREN ZU DEN attraktivsten Pflanzen, aber sie blühen erst im zweiten Jahr, während sie im ersten Jahr lediglich Blätter und Wurzeln entwickeln. Die Samen werden vom frühen Frühjahr bis zum Sommer ausgesät, am besten in ein separates Beet, wo die Keimlinge keine Konkurrenz anderer Pflanzen um Licht und Wasser haben.

1 Keimlinge lockern

Im Frühsommer sollten die im Frühjahr ausgesäten Keimlinge 5–8 cm groß sein. Nun kann man sie aus dem Aussaatbeet mit einer Pflanzgabel herausheben.

2 Keimlinge auspflanzen

Pflanzen Sie die Setzlinge mit 15–20 cm Abstand in ein Anzuchtbeet (so haben die Wurzeln genügend Platz) und drücken Sie sie kräftig fest, bevor Sie wässern.

3 Setzlinge verpflanzen

Heben Sie die Jungpflanzen an und bringen Sie sie im Herbst an ihren endgültigen Platz. Ist das Anzuchtbeet trocken, sollten Sie es zuvor kräftig gießen.

4 Zweijährige überwintern

Die meisten Zweijährigen bleiben im Winter grün, einige sterben bis auf die Knospen ab. Manche müssen mit einer Plastik- oder Glasglocke vor Nässe geschützt werden.

Samen selbst gewinnen

Es ist sehr befriedigend, von den eigenen Pflanzen Samen zu gewinnen, sie auszusäen und wachsen zu sehen. Die Samen vieler Ein- und Zweijähriger gehen auf und bilden die gleichen Blüten wie ihre Eltern, nicht aber F1-Hybriden: Ihre Samen produzieren nur minderwertige Pflanzen. Von diesen Sorten sollten Sie jedes Jahr neue Samen kaufen.

Samen aus den Kapseln lösen

Sammeln Sie Samenkapseln an einem trockenen Tag, weil die Samen verderben, wenn sie feucht aufbewahrt werden. Öffnen Sie die Kapseln über einem Blatt Papier.

Von Pflanzen sammeln

Einige reife Samen können direkt von der Pflanze gesammelt werden. Ziehen Sie sie einfach durch ihre Hand, um die Samen abzulösen, und sammeln Sie sie in einer Plastik- oder Papiertüte.

Samen von der Spreu trennen

Trennen Sie mithilfe eines Siebs die unerwünschte Spreu von den Samen. Hat es die richtige Größe, fallen nur die Samen durch und die Spreu bleibt im Sieb hängen.

Samen aufbewahren

Bewahren Sie die Samen an einem kühlen, trockenen, dunklen Platz auf. Luftdichte Filmdosen, beschriftet und in einem Fach des Kühlschranks aufbewahrt, sind ideal.

Pflege von Ein- und Zweijährigen

KÜMMERN SIE SICH GUT um die Jungpflanzen Ihrer Ein- und Zweijährigen, damit Sie gesunde Pflanzen bekommen. Der Schutz vor Krankheiten und Schädlingen ist für alle Pflanzen lebenswichtig, genauso wie das regelmäßige Jäten und Wässern, vor allem, wenn sie in Töpfen wachsen. In Töpfen gezogene Pflanzen brauchen auch einen langsam wirkenden Dünger oder Flüssigdünger.

▲ Keimlinge abhärtens

Im Frühjahr werden Keimlinge unter einer Abdeckung abgehärtet. Einige Wochen vor den letzten Frösten stellt man sie tagsüber nach draußen und bringt sie nachts wieder ins Haus.

◀ Stützen für die Keimlinge

Als Stütze für junge Einjährige steckt man dünne Zweige vorsichtig in den Boden, ohne die Wurzeln zu schädigen.

Ausputzen ▶

Entfernen Sie welke Blüten von den Pflanzen. Dies verlängert außerdem die Blütezeit, weil mehr Blüten gebildet werden. Knipsen Sie den Blütenstängel knapp über einem abzweigenden Blatt oder einer Knospe ab.

Einjährige wässern ▶

In erdfreiem Substrat eingetopfte Einjährige wässert man am besten von unten. Stellen Sie die Töpfe in eine Schüssel mit Wasser, bis sich das Substrat auf der Oberfläche feucht anfühlt.

Ein- und Zweijährige von A bis Z

A

Abelmoschus moschatus Pacific Range Ambramalve

DIE BLÜTEN DIESER BUSCHIGEN EINJÄHRIGEN aus Indien erinnern an Hibiskus. Sie sind 5-7,5 cm groß und meistens pink ('Pacific Light Pink') oder scharlachrot ('Pacific Orange Scarlet') – jede Blüte hält nur einen Tag, aber weitere öffnen sich ständig und sorgen für lang anhaltende Blühzeit. Die nach Moschus duftenden Samenkapseln sind bis zu 7,5 cm lang. Die Mutterpflanze, *A. moschatus*, wird viel höher, nämlich bis zu 1,5 m. Ihre Blätter werden bis zu 45 cm lang, und die Blüten sind gelb mit purpurfarbener Mitte. Säen Sie die Samen im zeitigen Frühjahr unter Glas oder zur Frühjahrsmitte an Ort und Stelle aus. Sorgen Sie dafür, dass der Boden fruchtbar und gut durchlässig ist.

WEITERE SORTE: *A. manihot* (gelbe Blüten, purpurfarbene Mitte).

PFLANZENPROFIL
HÖHE 40 cm
BREITE 40 cm
STANDORT Sonne
BODEN fruchtbar, gut durchlässig
WINTER Minimum 5 °C
BLÜTE Hochsommer bis Herbst

Abutilon Bella-Hybriden Schönmalve

A

SIE WURDE VON DEM BEKANNTEN ZÜCHTER CLAUDE HOPE in Costa Rica gezüchtet. Bella-Hybriden (nicht mit der älteren Belle-Gruppe zu verwechseln) sind wundervoll kompakt und klein, das macht sie perfekt für Töpfe und Blumenkästen. Die glockenförmigen Blüten erscheinend laufend in einer breiten Palette hübscher Pastelltöne wie helles Apricot, Pink und Gelb und sind etwa 8 cm breit. Topfen Sie die besten Pflanzen im Herbst ein und überwintern Sie sie im Gewächshaus. Sie können sie dann im nächsten Sommer wieder auspflanzen. Säen Sie die Samen im Frühjahr unter Glas aus, und kultivieren Sie in fruchtbarem, feuchtem Boden.

WEITERE SORTE: 'Large Flowered Mixed' (Blüten in Gelb, Bernsteinfarben, Apricot, Karmesinrot und Rosa).

PFLANZENPROFIL
HÖHE 40 cm
BREITE 40 cm
STANDORT Halbschatten
BODEN fruchtbar, feucht
WINTER bedingt frosthart
BLÜTE Sommer bis Frühherbst

A

Acinos arvensis Steinquendel

DER KÖSTLICHE DUFT DIESER KURZLEBIGEN STAUDE erinnert schwach an Thymian (sie ist auch als die Mutter des Thymians bekannt), aber man pflanzt sie besser in den Steingarten oder an den Wegrand oder den Rand einer Rabatte als ins Kräuterbeet. Bezeichnend sind die violetten Blüten mit der weißen Zeichnung auf der Unterlippe sowie die wuchernden, kurzen, sich verzweigenden Äste, die ihn zu einem exzellenten Bodendecker machen. Säen Sie die Samen im Frühjahr oder Herbst in das Frühbeet aus und ziehen Sie die Pflänzchen in nährstoffarmem bis durchschnittlich nährstoffhaltigem, wasserdurchlässigem Boden an.

PFLANZENPROFIL

HÖHE 20 cm

BREITE 30 cm

STANDORT Sonne

BODEN mager, wasserdurchlässig

WINTER völlig winterhart

BLÜTE Hoch- und Spätsommer

Adonis aestivalis Sommer-Adonisröschen

EINE SEHR ATTRAKTIVE EINJÄHRIGE mit fedrigen Blättern und leuchtend roten Blüten mit dunkler Mitte. *A. aestivalis* belebt Wildblumengärten. In ihrem natürlichen Verbreitungsgebiet von Frankreich über Spanien bis nach Syrien und in den Iran wächst sie auf kargen Böden. Im kühleren nordwestlichen Europa benötigt sie einen wasserdurchlässigen Boden mit durchschnittlichem – eher niedrigem als hohem – Nährstoffgehalt. Da sie völlig frosthart ist, können Sie die Samen an Ort und Stelle vom Herbst bis zum folgenden Frühjahr aussäen. Schützen Sie die jungen Pflänzchen vor Schnecken.

PFLANZENPROFIL
HÖHE 40 cm
BREITE 30 cm
STANDORT Sonne
BODEN durchschnittlich, wasserdurchlässig, basisch
WINTER völlig winterhart
BLÜTE Hochsommer

A

Adonis annua Herbst-Adonisröschen

DIESES ADONISRÖSCHEN STAMMT AUS DEM SÜDEN EUROPAS und dem Südwesten Asiens und bringt in die Cottage-Gärten Nordwest- und Mitteleuropas einen farbenfrohen Touch. Seine kleinen, schalenförmigen Blüten erscheinen im frühen Sommer, sind scharlachrot mit dunkler Mitte und etwa 2,5 cm breit und heben sich gut von den fein gefiederten Blättern ab. Wie das Sommer-Adonisröschen (*A. aestivalis*) ist es besonders empfindlich gegenüber gefräßigen Schnecken. Säen Sie die Samen dort, wo sie im Herbst oder Frühjahr blühen sollen, in gut durchlässigen Boden mit mittlerem Nährstoffgehalt.

PFLANZENPROFIL
HÖHE 45 cm
BREITE 30 cm
STANDORT Sonne
BODEN durchschnittlich, gut durchlässig, basisch
WINTER völlig winterhart
BLÜTE Frühsommer

Ageratum houstonianum 'Adriatic' Leberbalsam

A

DER AUS MEXIKO STAMMENDE LEBERBALSAM mit seinen kompakten, büscheligen Sorten blüht in einer weiten Palette gut verwendbarer Blautöne, gelegentlich auch in Weiß oder Rosa (alle säen sich selbst aus). Die Höhe variiert von gerade bodendeckend bis 45 cm – 'Adriatic' ist eine der niedrigeren Sorten. Die Blüten dieser Sorte sind klein, duftig und zerfranst. Sie sitzen über den Blättern und locken Bienen und Schmetterlinge an. Gießen Sie 'Adriatic' an trockenen Standorten regelmäßig, sonst lässt die Blütenbildung nach. Säen Sie die Samen im Herbst oder Frühjahr unter Glas aus und lassen Sie sie in fruchtbarem, feuchtem, aber gut durchlässigem Boden an einem geschützten Platz wachsen.

WEITERE SORTE: 'Bavaria' (weiß-blaue Blüten).

PFLANZENPROFIL
HÖHE 20 cm
BREITE 20 cm
STANDORT Sonne
BODEN fruchtbar, feucht, aber gut durchlässig
WINTER bedingt frosthart
BLÜTE Hochsommer bis Spätherbst

A

Ageratum houstonianum 'Swing Pink' Leberbalsam

MIT IHREM NIEDRIGEN, KOMPAKTEN WUCHS und den üppigen, gefransten Blüten sind sie ideal für Wandgefäße, Hängekörbe und Kübel auf Terrassen. Diese kleinen Pflanzen sind auch als Randbepflanzung geeignet, weil sie nicht über den Rand hinaus wuchern – und genau dort wirken die duftigen runden Blütenköpfe von 'Swing Pink', die in pinselförmigen Büscheln den ganzen Sommer über gebildet werden, besonders gut. Säen Sie die Samen im zeitigen Frühjahr unter Glas aus, und ziehen Sie die Pflänzchen in fruchtbarem, feuchtem, aber gut durchlässigem Boden an.

WEITERE SORTEN: Hawaii-Serie (einheitlich; kompakt; mit dunkel- bis blassblauen und weißen Blütenköpfen).

PFLANZENPROFIL
HÖHE 20 cm
BREITE 20 cm
STANDORT Sonne
BODEN fruchtbar, feucht, aber gut durchlässig
WINTER bedingt frosthart
BLÜTE Hochsommer bis Spätherbst

Agrostemma githago 'Milas' Kornrade

A

DIE KORNRADE BILDET IN RABATTEN oder Wildgärten wundervolle Blütenteppiche, die Bienen anlocken. Sie ist nicht nur ein Favorit in Cottage-Gärten, sondern auch eine hervorragende Schnittblume. 'Milas' trägt ihren Namen nach der türkischen Stadt, wo sie als Wildblume gefunden wurde. Sie bildet reichlich rosa Blüten mit weißlichem Zentrum, charakteristisch sind die schlanken, silbrigen Stiele. Sie ist die populärste und am leichtesten erhältliche Sorte, an zweiter Stelle steht 'Purple Queen'. Säen Sie die Samen im Frühjahr an Ort und Stelle aus. Möchten Sie sie als hohe Topfpflanzen für den kommenden Sommer, säen Sie im Herbst unter Glas aus. 'Milas' braucht nährstoffarmen, lockeren, gut durchlässigen Boden.

WEITERE SORTE: 'Ocean Pearl' (weiße Blüten mit schwarzen Tupfen).

PFLANZENPROFIL

HÖHE 90 cm

BREITE 30 cm

STANDORT Sonne

BODEN mager, gut durchlässig

WINTER völlig frosthart

BLÜTE Sommer

A

Agrostis nebulosa Rotes Straußgras

DIE GROSSEN BLÜTENSTÄNDE wirken wie Schleier – die kleinen weißen Rispen erscheinen in Büscheln am Stiel entlang – und machen das Straußgras zu einem Favoriten in Blumenarrangements. Pflanzen Sie es zusammen mit anderen einjährigen Gräsern wie etwa *Briza media* (Mittleres Zittergras) und *Lagurus ovatus* (Hasenschwanzgras) oder neben *Aira elegantissima* (Schmielenhafer) und *Panicum capillare* (Haarästige Rispenhirse). Gemeinsam wirken sie wie zarte Wolken aus Gras. Säen Sie Straußgras im Frühjahr an den vorgesehenen Standort; es stellt keine besonderen Ansprüche an den Boden, gedeiht aber am besten an einem sonnigen Platz.

PFLANZENPROFIL

HÖHE 35 cm

BREITE 35 cm

STANDORT Sonne

BODEN fast jeder

WINTER völlig winterhart

BLÜTE spätes Frühjahr bis Hochsommer

SAMEN

Die großen Samen der Stockrose werden während der Reifung gesammelt und im Sommer ausgesät.

Alcea rosea Chater's Double-Serie Stockrose

A

MIT IHREN STATTLICHEN BLÜTENSTÄNDEN und tassenförmigen Blüten sind Stockrosen ein wunderbarer Anblick. Die kurzlebigen Stauden werden traditionell in Cottage-Gärten gepflanzt, wo sie Bienen und Schmetterlinge anlocken. Sie sind anfällig für Rost (eine Pilzkrankheit) und werden daher oft nur als Ein- oder Zweijährige gezogen. Die Chater's Double-Gruppe bietet eine große Farbpalette von Rosa, Apricot, Rot, Weiß, Lavendelblau und Gelb bis Purpur. Säen Sie die Samen in Töpfe, im Hochsommer im Gewächshaus oder im Winter auf der Fensterbank in einem kühlen Raum. Um Rost zu vermeiden, entfernt man die Blätter der erwachsenen Pflanzen im Winter und sprüht im Frühjahr mit einem Pilzbekämpfungsmittel.

WEITERE SORTE: 'Indian Spring' (Blüten in Weiß, Rosa oder Gelb).

PFLANZENPROFIL

BREITE 60 cm

STANDORT Sonne

BODEN durchschnittlich, gut durchlässig

WINTER völlig winterhart

BLÜTE Früh- und Hochsommer

A

Alcea rosea 'Nigra' Stockrose

WO IMMER SIE EINEN STARKEN KONTRAST zu pastellfarbenen oder roten Stockrosen wünschen, sollten Sie ein paar Stockrosen der Sorte 'Nigra' pflanzen. Ihre beeindruckenden Blüten, die aus der Entfernung schwarz aussehen, sind am Blütenstängel entlang angeordnet und erinnern an Untertassen. Um große Pflanzen zu bekommen, sollten Sie die Samen im Hochsommer aussäen und im Gewächshaus halten, oder Sie säen sie im Winter auf einer Fensterbank aus. Stockrosen sind anfällig für Pilzkrankheiten, aber Sie können den Schaden in Grenzen halten, indem Sie alle Blätter im Winter entfernen und die Pflanzen im Frühjahr mit einem Fungizid behandeln.

WEITERE SORTEN: Majorette-Serie (klein und buschig); 'Summer Carnival' (u. a. in Blassgelb und Rot).

PFLANZENPROFIL

HÖHE 2 m

BREITE 30 cm

STANDORT Sonne

BODEN durchschnittlich, wasserdurchlässig

WINTER völlig winterhart

BLÜTE Sommer

Alonsoa meridionalis Nesselblatt

A

DIE LEUCHTEND ROTEN UND GELBEN BLÜTEN der Alonsoa sind genau das Richtige für eine Rabatte in warmen Farben. Diese reich verzweigte, buschige Staude ist so empfindlich, dass sie nur als Einjährige gezogen wird. Greifen Sie zu, wenn Sie Pflanzen oder Samen der *Alonsoa* sehen, denn sie sind nur schwer zu bekommen. Säen Sie die Samen im zeitigen Frühjahr unter Glas aus, und pflanzen Sie sie nach den letzten Frösten ins Freie. Sie brauchen fruchtbaren, gut durchlässigen Boden. Schneiden Sie im frühen Herbst Stecklinge, überwintern Sie sie im Haus, und pflanzen Sie sie im Sommer aus.

WEITERE SORTEN: Firestone-Jewels-Serie (große Farbpalette inklusive Scharlachrot, Orange, Lachs, Rosa oder Weiß).

PFLANZENPROFIL
HÖHE 90 cm
BREITE 30 cm
STANDORT Sonne
BODEN fruchtbar, gut durchlässig
WINTER bedingt frosthart
BLÜTE Sommer

A

Alonsoa warscewiczii

DIESE KLEINE, BUSCHIGE EINJÄHRIGE PFLANZE aus Peru, die gelegentlich auch weiße Blüten trägt, wird aus zwei Gründen gehalten. Zum einen verschönert sie Beete und Rabatten mit ihren dunkelgrünen Blättern und ihren üppigen, gespornten scharlachroten Blüten. Zum anderen liefert sie jede Menge Schnittblumen. Oft wird sie als im Winter blühende Wintergarten- oder Zimmerpflanze verkauft und dann als Sommerblume für den Garten aus zeitig ausgesäten Samen gezogen. Säen Sie die Samen im frühen Frühjahr im Gewächshaus aus, und pflanzen Sie sie nach dem letzten Frost aus; für eine im Winter blühende Topfpflanze sät man die Samen im Spätsommer aus.

WEITERE SORTE: *A. linearis* (ziegelrote Blüten mit schwarz geflecktem Schlund).

PFLANZENPROFIL
HÖHE 60 cm
BREITE 30 cm
STANDORT Sonne
BODEN durchschnittlich, gut durchlässig
WINTER bedingt frosthart
BLÜTE Sommer bis Herbst

Amaranthus caudatus Gartenfuchsschwanz

A

DIESE ORIGINELLE PFLANZE hat bizarre Blüten in Form eines bis zu 60 cm langen Fuchsschwanzes oder einer Quaste. Nach einer etwas gruseligen Beschreibung sollen sie getrockneten Blutstropfen gleichen. Die hellgrünen Blätter sind bis zu 15 cm lang. Den Gartenfuchsschwanz hält man am besten im Kübel als Blickpunkt, er kann aber auch als Schnittblume verwendet werden. Überwintern Sie die Pflanze im Haus, und pflanzen Sie sie im Frühjahr wieder aus; trotzdem ist sie kurzlebig und muss bald ersetzt werden. Säen Sie die Samen zur Frühjahrsmitte im Gewächshaus oder im Haus aus, und ziehen Sie sie in feuchtem Boden an. An trockenen Plätzen oft gießen.

WEITERE SORTE: 'Viridis' (quastenförmige, leuchtend grüne Blüten; welke Blüten werden cremefarben).

PFLANZENPROFIL
HÖHE 1,5 m
BREITE 75 cm
STANDORT Sonne
BODEN durchschnittlich, feucht
WINTER bedingt frosthart
BLÜTE Sommer bis Frühherbst

A

Amaranthus hypochondriacus Amarant

DIESE AUSSERGEWÖHNLICHE PFLANZE wird sowohl wegen ihrer Blätter als auch wegen ihrer Blüten gehalten. Die dunkel purpurfarbenen Blätter sind etwa 15 cm lang, die dünnen weinroten Blüten stehen in fedrigen Büscheln und blühen verlässlich bis zum Herbst. Wenn Sie die nah verwandte *A. caudatus* zu dominant finden, sollten Sie diese Art wählen. Säen Sie die Samen im Hochsommer unter Glas aus, und ziehen Sie die Pflanze in feuchtem Boden an. An trockenen Plätzen muss oft gewässert werden.

WEITERE SORTE: 'Green Thum' (brillante gelb-grüne Blüten).

PFLANZENPROFIL
HÖHE 1,2 m
BREITE 45 cm
STANDORT Sonne
BODEN durchschnittlich
WINTER bedingt frosthart
BLÜTE Sommer bis Frühherbst

Amaranthus tricolor 'Illumination' Amarant

A

DIE AUFFALLEND GEFÄRBTEN BLÄTTER sind der beste Grund, diesen buschigen Amarant zu pflanzen. Die oberen sind hellrot mit goldener Mitte, die unteren kupfer- bis bronzefarben. Alle Blätter werden etwa 20 cm lang. Am besten wirkt 'Illumination' in einer großen Gruppe anstatt über die Rabatte verteilt. Knipsen Sie die unscheinbaren Blüten aus, sobald sie sich entwickeln, damit sie nicht von den Blättern ablenken. Die Samen sät man zur Frühjahrsmitte unter Glas aus. Damit die Blätter besonders schön gefärbt sind, sollten Sie die Pflanzen in Boden mit reichlich organischem Material setzen. An trockenen Standorten häufig wässern.

WEITERE SORTE: 'Early September' (obere Blätter hell karmesinrot, untere bronzefarben).

PFLANZENPROFIL
HÖHE 45 cm
BREITE 45 cm
STANDORT Sonne
BODEN durchschnittlich
WINTER bedingt frosthart
BLÜTE Sommer bis Frühherbst

A

Amberboa moschata 'Imperialis' Duftende Flockenblume

DIE DUFTENDE FLOCKENBLUME (früher hieß sie *Centaurea*) ist hervorragend als Schnittblume geeignet und verströmt einen köstlichen Duft. Also pflanzt man sie am besten vorn in eine Rabatte oder an einen Weg, wo man den Duft genießen kann. Ihre großen fransigen Blüten, ihr buschiger Wuchs und die tief geteilten Blätter an den geraden Stängeln machen sie zu einer der Favoritinnen im Bauerngarten. Die Samen sät man im zeitigen Frühjahr am Standort aus. Wählen Sie den Platz sorgfältig aus, denn sie mag es nicht, wenn ihre Wurzeln gestört werden. Sie braucht neutralen bis basischen, gut durchlässigen Boden.

WEITERE SORTE: *A. moschata* (duftend; gefranste Blüten in Weiß, Gelb, Pink oder Purpur).

PFLANZENPROFIL
HÖHE 60 cm
BREITE 23 cm
STANDORT Sonne
BODEN neutral bis basisch, durchschnittlich, gut durchlässig
WINTER völlig winterhart
BLÜTE Hochsommer bis Frühherbst

A

Ammobium alatum Papierknöpfchen

DIESE WITZIGE, SICH SELBST AUSSÄENDE PFLANZE wird eher für Trockenblumen-Arrangements als im Garten verwendet. Die blassgrünen, löwenzahnähnlichen Blätter sind 18 cm lang und weiß behaart, die lange haltbaren weißen Blüten haben ein gelb-orangefarbenes Zentrum und erscheinen den ganzen Sommer über. Schneiden Sie die Stängel zum Trocknen, kurz bevor sich die Knospen ganz öffnen, und hängen Sie sie mit den Blüten nach unten an einen kühlen, luftigen Platz. Die Samen sät man im zeitigen Frühjahr unter Glas oder zur Frühjahrsmitte an Ort und Stelle in mageren, leichten, gut durchlässigen Boden.

WEITERE SORTE: 'Bikini' (klein; weiße Blüten mit gelber Mitte).

PFLANZENPROFIL

HÖHE 90 cm

BREITE 45 cm

STANDORT Sonne

BODEN mager, leicht, gut durchlässig

WINTER bedingt frosthart

BLÜTE Sommer

A

Anagallis 'Skylover' Gauchheil

TRADITIONELL ALS EINJÄHRIGE GEZOGEN – weil sie nicht ganz frosthart ist – bildet diese verzweigte Pflanze einen Teppich aus blauen Blüten mit violett-rosafarbener Mitte. Weil sie so klein ist und wegen ihrer Ansprüche pflanzt man sie am besten in einen Stein- oder Kiesgarten. Die Samen werden im Frühjahr ins Frühbeet gesät und im Gewächshaus oder auf der Fensterbank gezogen, bis sie im folgenden Frühjahr ausgepflanzt werden. Schneiden Sie im Sommer Stecklinge. Die wild wachsende verwandte *A. monellii* wächst im Mittelmeerraum auf Dünen oder an felsigen Standorten; 'Skylover' braucht deshalb im Garten einen durchschnittlichen, gut durchlässigen Boden. Denken Sie daran, an trockenen Standorten oft zu gießen.

WEITERE SORTE: 'Phillipii' (tiefblaue Blüten).

PFLANZENPROFIL
HÖHE 15 cm
BREITE 40 cm
STANDORT Sonne
BODEN durchschnittlich, gut durchlässig
WINTER frosthart
BLÜTE Sommer

Anchusa capensis 'Blue Angel' Ochsenzunge

A

MIT IHREN VIELEN KLEINEN ultramarinblauen Blüten über den rauen und borstigen Blättern ist 'Blue Angel' eine Bienen anlockende Zweijährige, die oft als Einjährige gezogen wird. Die Mutterpflanze, *A. capensis*, kommt aus Südafrika, wo sie auf mageren, sandigen Standorten wächst – deshalb ist ein gut durchlässiger Boden für 'Blue Angel' unabdingbar. An trockenen Standorten gießen, um die Blüte zu sichern, und welke Blüten nach der ersten Blüte ausschneiden, um eine zweite Blüte zu fördern. Die Samen sät man entweder im Spätsommer in Töpfe und zieht sie im Gewächshaus, oder man sät sie über Winter auf der Fensterbank aus, sodass sie im folgenden Sommer blühen.

WEITERE SORTE: 'Blue Bird' (indigoblaue Blüten).

PFLANZENPROFIL
HÖHE 20 cm
BREITE 15 cm
STANDORT Sonne
BODEN durchschnittlich, feucht, aber gut durchlässig
WINTER frosthart
BLÜTE Sommer

BLÄTTER KONSERVIEREN

Entfernen Sie die Blätter von den Stängeln und benutzen Sie sie frisch oder getrocknet oder konservieren Sie sie in Butter, Öl oder Essig.

A

Anethum graveolens Dill

DIESES DUFTIGE, ATTRAKTIVE KRAUT mit seinen fein gefiederten Blättern verleiht an einem sonnigen Platz jeder Rabatte einen Hauch von Bauerngarten. In der Küche verwendet man Dill traditionell für Fischgerichte, Eintöpfe oder selbst eingelegte Gurken – wenn Sie einen milden Geschmack bevorzugen, greifen Sie zu den Blättern, mögen Sie es schärfer, sollten Sie einmal die Samen probieren. Die Samen sät man im Abstand von drei Wochen vom zeitigen Frühjahr bis zum Hochsommer direkt am Standort in gut durchlässige, fruchtbare Erde aus. An trockenen Plätzen gut wässern. Wenn Sie die zarten Blüten nicht entfernen, sät sich Dill selbst aus; säen Sie Dill nur weit entfernt von Fenchel aus, oder die beiden kreuzen sich – und das Ergebnis ist armselig.

PFLANZENPROFIL

HÖHE 60 cm

BREITE 30 cm

STANDORT Sonne

BODEN fruchtbar, gut durchlässig

WINTER völlig winterhart

BLÜTE Hochsommer

A

Anoda cristata 'Opal Cup' Sommermalve

DIE DUNKEL GEÄDERTEN, SCHALENFÖRMIGEN BLÜTEN und fast dreieckigen Blätter von 'Opal Cup' bewähren sich großartig, wenn es darum geht, Höhe und Farbe in einen Wildblumen- oder Bauerngarten zu bringen (auch wenn Bauern sie meist als Unkraut betrachten). Kümmern Sie sich etwas um die Jungpflanzen, und knipsen sie die welken Blüten aus, um die Blütenbildung anzuregen. Ziehen Sie die Pflanzen in einem milden, geschützten Teil des Gartens, dann überstehen sie vielleicht den Winter und treiben im nächsten Sommer wieder aus. Säen Sie die Samen entweder im zeitigen Frühjahr unter Glas aus oder zur Frühjahrsmitte an Ort und Stelle in feuchten, aber wasserdurchlässigen, eher mageren Boden.

WEITERE SORTE: 'Silver Cup' (rein weiße Blüten).

PFLANZENPROFIL
HÖHE 1,5 m
BREITE 60 cm
STANDORT Sonne
BODEN mager, feucht, aber gut durchlässig
WINTER bedingt frosthart
BLÜTE Sommer bis Herbst

A

Anthemis arabica (syn. *Cladanthus arabicus*) Astblume

DIE ASTBLUME VERDIENT GRÖSSERE POPULARITÄT – sie ist nicht nur eine schöne, sondern auch eine faszinierende Pflanze. Betrachten Sie sie genau, und Sie werden sehen, dass sich unter jeder der gelben Blüten ein neuer Blütentrieb befindet. Blühen sie auf, bilden sich neben ihnen wieder neue Blütentriebe und so weiter – und so entsteht der Effekt von vielen Stängeln. Die Blüte hält den ganzen Sommer bis zum ersten Frost an. Die Samen sät man im zeitigen Frühjahr unter Glas oder später an Ort und Stelle in leichten, gut durchlässigen Boden.

WEITERE SORTE: 'Criss Cross' (hübsche goldgelbe Blüten und tief geteilte grüne Blätter).

PFLANZENPROFIL
HÖHE 60 cm
BREITE 40 cm
STANDORT Sonne
BODEN leicht, durchschnittlich, gut durchlässig
WINTER bedingt frosthart
BLÜTE Sommer bis Herbst

Anthriscus cerefolium Gartenkerbel

A

DER GARTENKERBEL HAT KLEINE, hübsche, farnähnliche Blättchen und im Hochsommer weiße Blüten. Der dem Anis ähnliche Duft der Blätter wird sparsam bei Fisch, Kartoffeln oder Eiergerichten eingesetzt (erst ganz zum Schluss klein schneiden und zufügen, sonst geht das Aroma verloren). Er hat einen hohen Vitamin-C-Gehalt und wird auch für medizinische Zwecke verwendet. Die Samen im Frühling an Ort und Stelle in leichten, gut durchlässigen Boden aussäen. Schneidet man die Blütentriebe regelmäßig aus, werden mehr Blätter gebildet. Volle Sonne vermeiden, sonst bildet der Kerbel noch mehr Blüten.

PFLANZENPROFIL
HÖHE 50 cm
BREITE 24 cm
STANDORT Sonne oder Halbschatten
BODEN leicht, gut durchlässig
WINTER völlig winterhart
BLÜTE Hochsommer

A

Antirrhinum 'Peaches & Cream' Löwenmäulchen

'PEACHES & CREAM' IST EINE KOMPAKTE, niedrige Pflanze mit weichen graugrünen Blättern und zarten pastellfarbenen, zweifarbigen Blüten. Säen Sie die Samen im Spätsommer oder frühen Herbst im Kasten auf einer warmen, sonnigen Fensterbank oder in einem beheizten Gewächshaus aus, damit Sie die Pflänzchen im folgenden Jahr nach dem letzten Frost auspflanzen können; oder säen Sie im zeitigen Frühjahr, sodass sie im Sommer blühen. In stark durchlässigem, fruchtbaren Boden ziehen und die welken Blüten ausschneiden, um die Blütenbildung anzuregen.

WEITERE SORTE: 'Bells' (Blüten in Purpur, Purpur und Weiß, Rot, Pink, Rosa, Bronze, Gelb oder Weiß).

PFLANZENPROFIL

HÖHE 25 cm

BREITE 20 cm

STANDORT Sonne

BODEN fruchtbar, stark durchlässig

WINTER bedingt frosthart

BLÜTE Frühsommer bis Herbst

Antirrhinum Sonnet-Serie Löwenmäulchen

A

DER GROSSTEIL DER LÖWENMÄULCHEN der Sonnet-Serie kreiert ein lebendiges Bild in verschiedenen Farben (Bronze, Pink, Rottöne, Burgunderrot, Weiß und Gelb) sowohl in formalen Rabatten als auch in Bauerngärten. Löwenmäulchen sind früh und reich blühende buschige Pflanzen, die auch feuchtes, schwüles Wetter gut aushalten. Säen Sie die Samen im Spätsommer oder frühen Herbst unter Glas, um sie im nächsten Frühjahr auszupflanzen, oder säen Sie im zeitigen Frühjahr, damit sie im Sommer blühen. Knipst man regelmäßig welke Blüten aus, wird die Blütezeit verlängert.

WEITERE SORTEN: 'Miniatur Magic Carpet' (niedriger als 15 cm); Rocket-Serie (größer, bis zu 1,2 m); Tahiti-Serie (klein; Blüten in Rot, Orange, Rosa-Pink und Bronze, zweifarbige in Rosa und Weiß).

PFLANZENPROFIL
HÖHE 30–60 cm
BREITE 30 cm
STANDORT Sonne
BODEN fruchtbar, stark durchlässig
WINTER bedingt frosthart
BLÜTE Frühsommer bis Herbst

A

Arctotis fastuosa var. *alba* 'Zulu Prince' Bärenohr

DAS AUFFÄLLIGE UND AUFSEHEN ERREGENDE BÄRENOHR öffnet seine Blüten in der Sonne und schließt sie meist am Nachmittag sowie an bewölkten Tagen (moderne Züchtungen bleiben länger offen). 'Zulu Prince' bietet mit seinen weißen, von silbrigen Blättern umgebenen Blüten einen lebhaften Anblick, vor allem in Kiesgärten oder weißen Gärten. Eine Alternative sind die Harlequin-Hybriden, die es in den Farben Rot, Rosa und Weiß mit jeweils dunkler Mitte gibt. Säen Sie die Samen im Herbst oder zeitigen Frühjahr unter Glas aus, und ziehen Sie sie in leichtem, gut durchlässigem, aber relativ feuchtem Boden an.

WEITERE SORTE: *A. fastuosa* (silbrig weiße Blätter; satt orangefarbene Blüten mit tief purpurfarbenen oder schwarzen Röhrenblüten).

PFLANZENPROFIL

HÖHE 60 cm

BREITE 30 cm

STANDORT Sonne

BODEN leicht, feucht, aber gut durchlässig

WINTER Minimum 5 °C

BLÜTE Hochsommer bis Frühherbst

Argemone grandiflora Stachelmohn

A

DER GEWÖHNLICHE MOHN ist ein vertrauter Anblick, aber dieser stachelige – benannt nach seinen stacheligen Stängeln und Blättern – ist eine Überraschung. Er hat große, papierweiße oder gelbe Blüten und weiß geäderte, blaugrüne Blätter. In Kiesgärten wirkt er spektakulär. Allerdings sollten Sie ihn nicht pflanzen, wenn Kinder in der Nähe spielen. Man zieht die Samen im zeitigen Frühjahr auf einer warmen Fensterbank oder im Gewächshaus und pflanzt die Setzlinge draußen in sehr mageren, kiesigen, steinigen Boden, der leicht und gut durchlässig sein muss.

WEITERE SORTE: *A. mexicana* 'Yellow Lustre' (gelb-orangefarbene Blüten).

PFLANZENPROFIL
HÖHE 1,5 m
BREITE 40 cm
STANDORT Sonne
BODEN sehr mager, gut durchlässig
WINTER bedingt frosthart
BLÜTE Sommer

A

Argemone mexicana Stachelmohn

DIESER STACHELMOHN HAT EXTREM STACHELIGE STÄNGEL und Blätter, weshalb man ihn vom Rand einer Rabatte fern halten sollte. Stellen Sie sicher, dass er trotzdem gut zu sehen ist, denn er ist ein ausgesprochener Blickfang, vor allem in Gärten im mediterranen Stil sowie in Kiesgärten. Die schalenförmigen Blüten variieren in unterschiedlichen Gelbtönen, und mit etwas Glück haben Sie sogar orangefarbene Blüten. Wenn Sie sich mit der Nase nahe genug heranwagen, bemerken Sie einen leichten Duft. Säen Sie die Samen im zeitigen Frühjahr unter Glas, und pflanzen Sie die Setzlinge in mageren, kiesigen, steinigen und gut durchlässigen Boden.

WEITERE SORTE: 'White Lustre' (rein weiße Blüten).

PFLANZENPROFIL
HÖHE 1 m
BREITE 40 cm
STANDORT Sonne
BODEN sehr mager, gut durchlässig
WINTER bedingt frosthart
BLÜTE Spätsommer bis Frühherbst

Argyranthemum frutescens Strauchmargerite

A

MIT IHREN LEUCHTEND WEISSEN BLÜTEN mit gelber Mitte sowie den fein geteilten Blättern verschönern Strauchmargeriten jeden Topf – ob groß oder klein – und jede Farbkombination. Knipsen Sie laufend die welken Blüten aus, damit sich mehr neue Blüten bilden. Die zarte, strauchige Pflanze kann ausgegraben, im Gewächshaus überwintert und im nächsten Frühjahr wieder ausgepflanzt werden. Sie eignet sich gut für Stecklinge, um neue Pflanzen zu bekommen – im Spätsommer von nicht blühenden Trieben schneiden, unter Glas anziehen und im folgenden Sommer auspflanzen.

WEITERE SORTEN: 'Jamaica Primrose' (blassgelbe bis gelbe Blüten mit dunkelgelber Mitte); 'Mary Wootton' (hellrosa Blüten mit weißer Mitte, die beim Welken weiß werden).

PFLANZENPROFIL
HÖHE 70 cm
BREITE 70 cm
STANDORT Sonne
BODEN durchschnittlich, gut durchlässig
WINTER bedingt frosthart
BLÜTE Sommer bis Herbst

A

Asperula orientalis Meier

MEIER, EIN FAVORIT IM BAUERNGARTEN (obwohl er in seiner Heimat Libanon ein Unkraut ist), gehört direkt an den Rand einer Rabatte, wo er von Hochsommer bis Herbst blüht. Nah an einen Weg oder den Rasen gepflanzt, können sich Besucher niederknien und den schwachen Geruch der duftigen röhrenförmigen, zartblauen (gelegentlich auch weißen) Blüten genießen, die an aufrechten Stängeln sitzen. Säen Sie die Samen im zeitigen Frühjahr oder Herbst an einem warmen Fensterbrett oder im Gewächshaus aus, und setzen Sie die Pflänzchen draußen in gut durchlässigen, die Feuchtigkeit haltenden Boden an einen geschützten Platz.

PFLANZENPROFIL

HÖHE 30 cm

BREITE 10 cm

STANDORT Sonne oder Halbschatten

BODEN feucht, aber gut durchlässig

WINTER völlig winterhart

BLÜTE Hochsommer bis Herbst

Atriplex hortensis var. *rubra* Rote Gartenmelde

A

DIE SCHNELLWÜCHSIGEN, blut- bis purpurroten Blätter machen den Reiz dieser Pflanze aus – deshalb sollte man die unscheinbaren rosa Blüten entfernen, sobald sie erscheinen, damit sie den Blättern nicht die Show stehlen. Die Pflanze belebt eine Rabatte, besonders wenn sie in Kontrast zu weißen Blüten und silbrigen Blättern steht. Die jungen Blätter – bis zu 18 cm lang – bringen Farbe in einen Salat. Wenn sie einmal gepflanzt ist, sät sich die Gartenmelde vom Frühjahr bis zum Sommer selbst aus – pflanzen Sie Setzlinge zusammen, um eine informelle Hecke zu formen. Die Samen sät man vom Frühjahr bis zum Sommer an Ort und Stelle.

WEITERE SORTE: Plume-Serie (gelbe, grüne oder burgunderrote Blüten und Blätter).

PFLANZENPROFIL
HÖHE 1,2 m
BREITE 30 cm
STANDORT Sonne
BODEN fruchtbar, feucht, aber gut durchlässig
WINTER bedingt frosthart
BLÜTE Sommer

B

Barbarea vulgaris 'Variegata' Barbarakraut

Das Barbarakraut ist eine liebliche, ausladende Blattpflanze mit gelben Tupfen auf den grünen Blättern und gelben Kreuzblüten im zeitigen Frühjahr. Obwohl es frosthart ist, ist es kurzlebig und wird am besten jedes Jahr als Zweijährige gezogen, damit es gut aussieht. Es wird meist direkt vorn an eine Rabatte gepflanzt. Säen Sie die Samen im Spätsommer dort aus, wo sie im nächsten Jahr blühen sollen, und ziehen Sie sie in feuchtem, aber durchlässigem, eher leicht saurem Boden an.

PFLANZENPROFIL

HÖHE 45 cm

BREITE 20 cm

STANDORT Sonne oder Halbschatten

BODEN leicht sauer, feucht, aber gut durchlässig

WINTER völlig winterhart

BLÜTE zeitiges Frühjahr bis Frühsommer

B

Bassia scoparia f. *trichophylla* Besen-Radmelde

DIESE AUSGESPROCHEN NÜTZLICHE EINJÄHRIGE erinnert an einen riesigen wuscheligen, aufrechten Kegel und bringt Höhe in den sommerlichen Garten, indem sie niedrige Hecken oder Hintergrundpflanzen zwischen 30 cm und 1,5 Metern bildet. Die unscheinbaren Blüten sind lediglich eine Zugabe – die Attraktion ist die Masse der dünnen, smaragdgrünen Blätter, die zu Beginn des Herbstes hell- oder purpurrot werden. Säen Sie die Samen im zeitigen Frühjahr an Ort und Stelle in fruchtbaren, gut durchlässigen Boden an einen sonnigen, geschützten Platz.

PFLANZENPROFIL
HÖHE 1,5 m
BREITE 45 cm
STANDORT Sonne
BODEN fruchtbar, gut durchlässig
WINTER bedingt frosthart
BLÜTE Spätsommer oder Herbst

B

Begonia Cocktail-Serie Begonia-Semperflorens-Hybriden

BEGONIEN WERDEN WEGEN IHRER RUNDEN, bronzefarbenen Blätter und einfachen, zweifarbigen, wetterfesten Blüten gepflanzt. Typisch sind sie an der Front eines Beets und um Hängekörbe und Blumenkästen aufzupeppen. Die Cocktail-Serie hat Blüten in Rosa, Rot und Weiß vom Sommer bis zu den ersten Frösten im Herbst. Als Semperflorens-Hybride gedeiht sie auch im Halbschatten gut, verträgt aber auch direkte Sonne. Säen Sie die Samen im zeitigen Frühjahr unter Glas aus, und pflanzen Sie sie in fruchtbare, gut durchlässige, neutrale bis saure Erde. Geben Sie den Jungpflanzen einen stickstoffreichen Dünger.

WEITERE SORTEN: 'Olympia White' (kompakt; weiße Einzelblüten); 'Organdy' (weiße, rosa, rosa-pinkfarbene und scharlachrote Blüten).

PFLANZENPROFIL

HÖHE 30 cm

BREITE 30 cm

STANDORT lichter Schatten

BODEN neutral bis sauer, fruchtbar und durchlässig

WINTER Minimum 13 °C

BLÜTE Sommer bis Herbst

Begonia Illumination-Serie Tuberhybrida-Begonie

B

DIE GESTALT DIESER HÄNGEPFLANZEN ist ganz anders als die der ausdauernden Begonien, die mit ihren rötlich bronzefarbenen Blättern im Winter ein Hauptbestandteil einer formalen Pflanzung sind. Die Illumination-Serie wächst am besten in Hängekörben, erhöhten Beeten oder hohen, dünnen viktorianischen Kaminaufsätzen, die im Garten verteilt sind. In solch hohen Gefäßen schweben die 8 cm großen Blüten wunderhübsch über allem – aber auch tiefer gepflanzt sehen sie gut aus, wenn sie über den Boden kriechen. Die Samen sät man im zeitigen Frühjahr unter Glas aus und zieht die Setzlinge in fruchtbarer, gut durchlässiger, neutraler bis leicht sauer Erde an. Direkte Sonne sollte man vermeiden.

WEITERE SORTE: 'Illumination Orange' (lebhaft orangefarbene Blüten).

PFLANZENPROFIL

HÖHE 60 cm

BREITE 30 cm

STANDORT lichter Schatten

BODEN neutral bis leicht sauer, fruchtbar, gut durchlässig

WINTER Minimum 10 °C

BLÜTE Sommer

B

Begonia Non-Stop-Serie Tuberhybrida-Begonie

DIESE BEMERKENSWERTE, KOMPAKTE PFLANZE macht ihrem Namen alle Ehre und blüht den ganzen Sommer über bis zu den ersten Frösten. Sie hat große, gefüllte, 8 cm breite Blüten und eignet sich perfekt für den Rand einer Rabatte. Samen im zeitigen Frühjahr unter Glas aussäen und in fruchtbare, gut durchlässige, neutrale bis saure Erde pflanzen. Graben Sie die Knollen (zwiebelähnliche Gebilde, die als Nährstoffspeicher dienen) aus, und bewahren Sie sie über Winter trocken an einem kühlen, frostfreien Platz auf. Im folgenden Frühjahr dann in Töpfe pflanzen (ausgehöhlte Seite nach oben) und nach und nach mehr gießen. Im Frühsommer auspflanzen.

WEITERE SORTEN: 'Flamboyant' (einfache dunkel scharlachrote Blüten); 'Pin-Up' (einfache weiße Blüten).

PFLANZENPROFIL

HÖHE 30 cm

BREITE 30 cm

STANDORT lichter Schatten

BODEN neutral bis sauer, fruchtbar, gut durchlässig

WINTER Minimum 10 °C

BLÜTE Sommer

Bellis perennis 'Goliath' Gänseblümchen

B

GÄNSEBLÜMCHEN MÖGEN IN EINEM ordentlichen Fußballrasen nicht willkommen sein, aber mit ihren dekorativen Blüten sind sie ein Pluspunkt in Steingärten, in Lücken im Terrassen-Pflaster, in Gefäßen und als Randbepflanzung. 'Goliath' hat große, auffällige, ballartige Blüten und hellgrüne Blätter. Säen Sie den Samen im Frühjahr oder Frühsommer in Töpfe, und pflanzen Sie im Spät sommer oder Frühherbst aus, damit sie vom Spätwinter an blühen. Geeignet ist ein gut durchlässiger, durchschnittlicher Boden. An trockenen Plätzen muss gut gewässert werden.

WEITERE SORTEN: Pomponette-Serie (gefüllte rosafarbene, weiße oder rote Blüten).

PFLANZENPROFIL
HÖHE 20 cm
BREITE 20 cm
STANDORT Sonne oder Halbschatten
BODEN durchschnittlich, gut durchlässig
WINTER völlig winterhart
BLÜTE Spätwinter bis Sommer

B

Bellis perennis Tasso-Serie Gänseblümchen

DIE ROTEN, ROSAFARBENEN UND WEISSEN gefüllten Blüten der Tasso-Serie sind sehr charakteristisch. Mit ihren 6 cm breiten ballartigen Blüten wirken sie eher wie Miniatur-Dahlien. Der Samen wird im Frühjahr oder Frühsommer in Töpfen ausgesät, und die Setzlinge werden im Spätsommer oder Frühherbst ausgepflanzt. Sie blühen dann im Spätwinter und das ganze Frühjahr hindurch. Am besten gedeihen sie in gut durchlässigem, durchschnittlichem Boden. An trockenen Standorten müssen Sie gut wässern.

WEITERE SORTE: 'Tasso Strawberries & Cream' (rote und weiße Blüten).

PFLANZENPROFIL

HÖHE 20 cm

BREITE 20 cm

STANDORT Sonne oder Halbschatten

BODEN durchschnittlich, gut durchlässig

WINTER völlig winterhart

BLÜTE Spätwinter bis Sommer

B

Beta vulgaris ssp. *cicla* Stielmangold

MIT SEINEN GLÄNZEND GRÜNEN BLÄTTERN und fantastischen roten Stielen ist der Stielmangold viel zu schön, um ihn einfach in den Küchengarten zu verbannen. Er ist attraktiv genug für Gefäße und ornamentale Rabatten. Er ist ein essbares Mitglied der Familie der Roten Bete, seine dicken Blattstiele und die grünen Blätter schmecken gekocht äußerst delikat. Säen Sie ihn an Ort und Stelle im zeitigen Frühjahr für die Sommer- und Winterernte aus. Wenn man den Winter über ernten will (die Ernte fällt dann geringer aus), sät man im Spätsommer. Er gedeiht in gut gewässertem, leichtem, gut durchlässigem, stickstoffreichem Boden.

WEITERE SORTEN: 'Bull's Blood' (dunkelrote Blätter); 'MacGregor's Favourite' (leuchtend blutrote Blätter); 'Vulcan' (leuchtend rote Blätter).

PFLANZENPROFIL
HÖHE 23 cm
BREITE 45 cm
STANDORT Sonne oder Halbschatten
BODEN fruchtbar, leicht, feucht
WINTER völlig winterhart
BLÜTE ganzjährig

B

Bidens ferulifolia 'Golden Goddess' Zweizahn

'GOLDEN GODDESS' IST MIT SEINEN LANGEN, dünnen Stängeln, die sich überall ausbreiten, ein Hit für Fans von Hängekörben und Blumenkästen. Die Stängel sind von kleinen, hellgelben, 5 cm breiten Blüten besetzt. Die leuchtende, duftige Pflanze ist besonders attraktiv, wenn die Stängel durch die Begleitpflanzen wuchern und eine lebendige, farbenfrohe Mischung bilden. Die Samen werden im Frühjahr in einen Kasten auf einer warmen Fensterbank oder im Gewächshaus ausgesät und in einen feuchten, aber gut durchlässigen Boden ausgepflanzt. An trockenen Standorten muss gut gewässert werden.

WEITERE SORTE: *B. ferulifolia* (gänseblümchenähnliche, goldgelbe Blüten).

PFLANZENPROFIL
HÖHE 30 cm
BREITE unbestimmt
STANDORT Sonne
BODEN durchschnittlich, feucht, gut durchlässig
WINTER frosthart
BLÜTE Hochsommer bis Herbst

Borago officinalis Borretsch

B

BORRETSCH IST EIN FAVORIT ALLER BIENEN und ein Kraut mit wohlschmeckenden, nach Gurken duftenden Blättern, die für Salate, Joghurt-Gerichte und erfrischende Drinks verwendet werden (man kann sogar Tee daraus zubereiten). Welke Blüten später in der Saison ausknipsen (sie erscheinen bis zu den ersten Frösten), oder sie werden sich reichlich selbst aussäen – im nächsten Jahren wächst dann überall bei Ihnen Borretsch. Samen können Sie im späten Frühling an Ort und Stelle unter Glas aussäen – sie keimen rasch, und gewöhnlich hat man nach sechs Wochen Pflänzchen. Borretsch ist unkompliziert und wächst in jedem durchschnittlichen, sogar ziemlich trockenem Boden.

PFLANZENPROFIL
HÖHE 60 cm
BREITE 45 cm
STANDORT Sonne oder Halbschatten
BODEN beinahe jeder
WINTER völlig winterhart
BLÜTE Sommer bis Herbst

B

Brachyscome iberidifolia Blaues Gänseblümchen, Kurzschopf

BRACHYSCOME BIETET MIT SEINEN vielen leicht duftenden, kleinen, gänseblümchenähnlichen Blüten mit gelber Mitte einen sommerlichen Anblick. Die Blüten werden hübsch umrahmt von den spitzen, gefiederten, graugrünen, 10 cm langen Blättern. Die Pflanze gedeiht überall im Garten, in Töpfen und Hängekörben und auch in Lücken im Pflaster, in Steingärten ebenso wie ganz vorn an einer Rabatte. Knipsen Sie die Triebspitzen der jungen Pflanzen ab, damit sie buschiger wachsen und mehr Blüten bilden. Die Aussaat erfolgt im Frühjahr unter Glas, und die Setzlinge werden in fruchtbare, gut durchlässige Erde an einen Platz gepflanzt, wo sie vor starkem Wind geschützt sind.

WEITERE SORTE: Splendour-Serie (weiße, lila-rosa oder purpurfarbene Blüten mit schwarzer Mitte).

PFLANZENPROFIL
HÖHE 45 cm
BREITE 35 cm
STANDORT Sonne
BODEN fruchtbar, gut durchlässig
WINTER bedingt frosthart
BLÜTE Sommer

Bracteantha bracteata 'Dargan Hill Monarch' Strohblume

B

IHR ENGLISCHER NAME »GOLDEN EVERLASTING« passt genau zu dieser entzückenden Pflanze. Die Blüten – jede mit einem gelben, von goldgelben Kelchblättern umrahmten Auge – bieten den ganzen Sommer über einen hellen, sonnigen Anblick vor dem Hintergrund ihrer feinen graugrünen Blätter. Obwohl sie ausdauernd ist, ist sie ziemlich kurzlebig und muss alle paar Jahre durch frische, aus Samen gezogene Pflanzen ersetzt werden. Diese werden im Frühjahr im Kasten auf einer warmen Fensterbank oder im Gewächshaus ausgesät und die Pflänzchen in feuchte, aber gut durchlässige, durchschnittliche Erde ausgepflanzt. Sie eigenen sich gut als Schnittblumen und zum Trocknen.

WEITERE SORTE: 'Sky Net' (rosa überhauchte, cremeweiße Blüten).

PFLANZENPROFIL
HÖHE 1,5 m
BREITE 30 cm
STANDORT Sonne
BODEN durchschnittlich, feucht, aber gut durchlässig
WINTER bedingt frosthart
BLÜTE spätes Frühjahr bis Herbst

B

Bracteantha bracteata Monstrosum-Serie Strohblume

VERWENDEN SIE DIESE ANPASSUNGSFÄHIGEN EINJÄHRIGEN in sich durch das Beet windende Streifen, zum Füllen von Lücken in Rabatten oder – wegen ihrer langen Blütezeit –, um schmückende Objekte wie etwa Statuen einzurahmen. Die Stiele stehen ganz aufrecht und werden von den gänseblümchenähnlichen Blüten gekrönt. Die Tetraploid Double-Serie wird stolze 1,5 m hoch. Säen Sie im Frühjahr unter Glas, in durchschnittlichen Boden aus, und wässern Sie gut. Sie sind außergewöhnliche Trockenblumen für winterliche Arrangements.

WEITERE SORTEN: Bright-Bikinis-Serie (Blüten gefüllt; rot, rosa, orange, gelb oder weiß); King-Size-Serie (Blüten gefüllt; gelb, rosa orange, rot oder silberweiß); 'Silvery Rose' (Blüten gefüllt; silbrig rosa).

PFLANZENPROFIL

HÖHE 90 cm

BREITE 30 cm

STANDORT Sonne

BODEN durchschnittlich, feucht, aber gut durchlässig

WINTER bedingt frosthart

BLÜTE Spätfrühling bis Herbst

Brassica oleracea-Sorten Zierkohl

B

OB MAN SIE NUN ABSCHEULICH und schrecklich gewöhnlich oder als gelungenen Scherz empfindet: Diese Kohlsorten werden wegen ihrer hellen, farbigen Blätter gezogen und nicht für die Küche – der Geschmack ist zu bitter, und die Farbe wird beim Kochen zu einem verwaschenen Grau. Die Farben der Blätter werden intensiver, wenn die Temperaturen im Herbst sinken. Die Samen werden im späten Frühjahr ausgesät, um hübsche, feste Köpfe zu bekommen. Zierkohl gedeiht in fruchtbarer, gut durchlässiger Erde, am besten in kalkreichem Boden.

WEITERE SORTEN: Osaka-Serie (rasch wüchsig; gewellte, blaugrüne äußere Blätter und kompakte, weiße, rosa oder rote Mitte); 'Tokyo' (runde, blaugrüne äußere Blätter und weiche, rosa, rote oder weiße Mitte).

PFLANZENPROFIL
HÖHE 45 cm
BREITE 45 cm
STANDORT Sonne
BODEN kalkreich, fruchtbar, gut durchlässig
WINTER völlig winterhart
BLÜTE Sommer

B

Briza maxima Großes Zittergras

DAS ZITTERGRAS IST ATTRAKTIV UND DEKORATIV und wird vor allem wegen seiner hübschen herzförmigen Samenstände gezogen, die, wenn sie sich öffnen, zunächst rot oder purpurfarben sind und später im trockenen Zustand intensiv strohfarben. Das Gras raschelt und zittert bei der sanftesten Brise (daher sein Name). Pflanzt man es in Gruppen in eine sonnige Rabatte, steuert es das unerwartete Element der Bewegung bei. Säen Sie im Herbst an Ort und Stelle in gut durchlässigen Boden aus. Hat das Gras sich gut ausgebreitet, sät es sich verlässlich selbst aus. Es ist gut geeignet als Schnitt- und Trockenblume.

WEITERE SORTE: *Briza media* (kürzeres, einjähriges Gras).

PFLANZENPROFIL

HÖHE 60 cm

BREITE 25 cm

STANDORT Sonne

BODEN gut durchlässig

WINTER völlig winterhart

BLÜTE später Frühling bis Spätsommer

Briza minor Kleines Zittergras

B

EIN LIEBLICHES, ZARTES EINJÄHRIGES GRAS, das ideal als Bepflanzung rund um den Stamm von Obstbäumen ist oder für Rabatten, wo es die attraktiven Tupfen seiner kleinen Samenstände beisteuert. Die Stängel können ebenfalls in Trockenblumen-Arrangements verwendet werden. Die Samenstände sind zunächst blassgrün, oft purpurfarben überlaufen und werden im Herbst langsam beige. Die Samen werden an Ort und Stelle im Herbst oder Frühling in gut durchlässige Erde ausgesät. Wenn das Gras sich gut ausgebreitet hat, sät es sich selbst aus.

PFLANZENPROFIL
HÖHE 45 cm
BREITE 25 cm
STANDORT Sonne
BODEN gut durchlässig
WINTER völlig winterhart
BLÜTE Frühsommer bis Frühherbst

B

Bromus lanceolatus (syn. *B. macrostachys*) Langgrannige Trespe

DIE IN BÜSCHELN STEHENDEN, purpurfarben überhauchten Ähren der Trespe passen am besten in einen Wildgarten oder eine Wiese, gemischt mit *Panicum capillare* (Haarästige Rispenhirse) und *Briza maxima* (Großes Zittergras). Die Langgrannige Trespe ist es auch wert, wegen ihrer getrockneten Blütenstände gezogen zu werden – entfernen Sie sie, bevor sie voll aufgeblüht sind, und hängen Sie sie zum Trocknen auf. Säen Sie im Frühjahr an Ort und Stelle aus. Dieses Gras stammt von den trockenen Brachländern des Mittelmeerraums, es braucht entsprechend leichten, gut durchlässigen Boden im Garten.

PFLANZENPROFIL
HÖHE 50 cm
BREITE 10 cm
STANDORT Sonne
BODEN gut durchlässig
WINTER völlig winterhart
BLÜTE Sommer

Browallia speciosa 'White Troll' Blauglöckchen

B

In ihrer Heimat Südamerika ist *Browallia* eine Staude, aber bei uns in Mittel- und Nordwesteuropa wird sie gewöhnlich als Einjährige gehandelt. Breit wüchsig, buschig und reich blühend kann man ihren Charme am besten in einem Hängekorb oder als Randbepflanzung würdigen. Im Topf kann man sie im Haus überwintern, sodass sie im folgenden Sommer wieder blüht. Überdüngen Sie nicht, sonst produziert die Pflanze viele Blätter und keine Blüten. Die Samen werden im zeitigen Frühjahr unter Glas ausgesät und die Setzlinge in reichen, gut durchlässigen Boden gepflanzt. An trockenen Standorten müssen Sie gut wässern.

WEITERE SORTEN: 'Blue Troll' (Blüten in klarem Blau); 'Vanja' (tiefblaue Blüten)

PFLANZENPROFIL
HÖHE 60 cm
BREITE 25 cm
STANDORT Sonne oder Halbschatten
BODEN fruchtbar, gut durchlässig
WINTER mindestens 13–16 °C
BLÜTE Sommer

B

Bupleurum rotundifolium Durchwachsenes Hasenohr

WAHRSCHEINLICH FINDEN SIE DIESE PFLANZE eher in einem Samenkatalog, vor allem bei einem Spezialisten, als in den neuesten modischen Gartenbüchern. Das Hasenohr ist eine buschige Pflanze für Rabatten mit sehr kleinen, sternförmigen Blüten. Die neuen Blätter haben einen blassrosa Farbstich, bevor sie leicht blau werden. 'Green Gold' ist sehr ähnlich im Wuchs, hat aber gelbe Blüten. Säen Sie im Frühjahr in Töpfen in das Frühbeet aus, und setzen Sie die Keimlinge in durchschnittliche, gut durchlässige Erde.

PFLANZENPROFIL
HÖHE 60 cm
BREITE 30 cm
STANDORT Sonne
BODEN durchschnittlich, gut durchlässig
WINTER frosthart
BLÜTE Sommer

C

Calandrinia grandiflora

VON DEN TROCKENEN, FELSIGEN HÄNGEN CHILES kommt diese Horst bildende Einjährige mit Blüten mit fünf oder sieben Blütenblättern und fleischigen Stängeln. Ihre hellgrünen Blättern sind elliptisch und werden bis zu 20 cm lang. Im zeitigen Frühjahr sät man unter Glas aus und setzt die Keimlinge ins Freiland in fruchtbare, schnell durchlässige, leicht saure Erde. Sie gedeiht gut an trockenen, sonnigen Stellen und kann auch als Zimmerpflanze gezogen werden. Jungpflanzen müssen vor Schnecken geschützt werden, sonst werden sie schnell zerstört.

WEITERE SORTE: *C. ciliata* (Blüten purpurfarben, rot, rosa oder weiß).

PFLANZENPROFIL
HÖHE 1 m
BREITE 45 cm
STANDORT Sonne
BODEN leicht sauer, fruchtbar, sehr gut durchlässig
WINTER Minimum 6 °C
BLÜTE Sommer

C

Calandrinia umbellata

DIESE NIEDRIGE, AUSDAUERNDE PFLANZE aus Südamerika muss hier als Einjährige gezogen werden, weil sie die Kälte hasst und es nicht verträgt, wenn ihre Wurzeln den Winter über in nassem Boden stehen. Die großen karmesin- bis magentaroten Blüten – sie schließen sich, wenn es bewölkt ist – blühen nur 48 Stunden und werden dann durch neue ersetzt. Im Herbst gräbt man die Pflanzen aus, setzt sie in Töpfe und überwintert sie im Gewächshaus. Im Frühsommer pflanzt man sie wieder aus. Säen Sie die Samen im zeitigen Frühjahr unter Glas aus oder aber im Herbst, damit sie im folgenden Sommer blühen. An einen heißen und sonnigen Platz in fruchtbare, leicht saure Erde mit guter Wasserführung setzen.

WEITERE SORTE: 'Amaranth' (Blüten in Karmesin-Magentarot).

PFLANZENPROFIL
HÖHE 20 cm
BREITE 20 cm
STANDORT Sonne
BODEN leicht sauer, gut durchlässig
WINTER frosthart
BLÜTE Sommer

Calceolaria integrifolia Pantoffelblume

C

SIE IST EINE WITZIGE, AUFFALLENDE, ungewöhnliche und in ihrer Heimat Mexiko ausdauernde Pflanze, aber in Mittel- und Nordwesteuropa wird sie als Einjährige gezogen. Die kleinen hellgelben Blüten ähneln aus der Entfernung kleinen Bällen und stehen in Büscheln bis zu 35. Sie ist die Mutterpflanze einiger niedriger wachsender Sorten, inklusive der im Hochsommer blühenden, 30 cm hohen Sorte 'Sunshine', die Hängekörbe und Töpfe verschönert, sowie der 40 cm hohen 'Goldcut', die sich gut als Schnittblume eignet. Die Samen werden im Frühjahr oder Herbst unter Glas ausgesät und die Setzlinge in leichten Boden an einen kühlen Platz gepflanzt.

WEITERE SORTEN: 'Golden Bunch' (kompakt mit blass goldgelben Blüten); 'Midas' (tiefgelbe Blüten; gut für Hängekörbe).

PFLANZENPROFIL

HÖHE 1,2 m

BREITE 30 cm

STANDORT Sonne oder Halbschatten

BODEN sauer, durchschnittlich

WINTER bedingt frosthart

BLÜTE Sommer

C

Calendula officinalis 'Art Shades' Ringelblume

RINGELBLUMEN SIND VOLLKOMMEN PFLEGELEICHTE, rasch wüchsige Einjährige. Verwenden Sie sie als Hauptbestandteil oder Lückenfüller in Gärten jeden Stils, vom Bauerngarten bis zum formalen Garten. 'Art Shades' ist höher als die meisten anderen und hat große gekräuselte Blüten. Entspitzen Sie die jungen Pflanzen, damit sie buschiger wachsen, und knipsen Sie den ganzen Sommer über welke Blüten ab. Pflanzen Sie sie nicht zu dicht, sonst bekommen sie Mehltau. Im Frühjahr wird an Ort und Stelle ausgesät – sie erhalten sich selbst, indem sie sich Jahr für Jahr selbst aussäen.

WEITERE SORTEN: Kablouna-Serie (hoch mit gefüllten orangen, goldenen oder gelben Blüten); Pacific-Beauty-Serie (Blüten gefüllt, in einer ungewöhnlichen Farbpalette, inklusive zweifarbiger Blüten).

PFLANZENPROFIL

HÖHE 60 cm

BREITE 60 cm

STANDORT Sonne oder Halbschatten

BODEN durchschnittlich, wasserdurchlässig

WINTER völlig winterhart

BLÜTE Sommer bis Herbst

Callistephus chinensis 'Compliment Light Blue' Gartenaster

C

WIE ALLE SORTEN DER GARTENASTER ist auch 'Comliment Light Blue' bei Schnittblumen-Fans beliebt. Sie ist rasch wüchsig und buschig, die Blüten dieser Sorte werden kräuselblütig genannt, mit einem chrysanthemenartigen Köpfchen feiner Blütenblätter. Säen Sie im zeitigen Frühjahr unter Glas aus oder im späten Frühling an Ort und Stelle in fruchtbaren, feuchten aber gut durchlässigen, eher basischen Boden. Wählen Sie einen warmen, geschützten Platz aus.

WEITERE SORTEN: Comet-Serie (Blüten klein, gefüllt, in vielen Farben; gut für Pflanzgefäße); Duchesse-Serie (nach innen gebogene Köpfchen in Farben von Gelb bis Rot und Purpur; gut als Schnittblumen); Pompon-Serie (knopfähnliche Blüten in vielen Farben).

PFLANZENPROFIL
HÖHE 70 cm
BREITE 20 cm
STANDORT Sonne
BODEN neutral bis basisch, fruchtbar, feucht, aber gut durchlässig
WINTER bedingt frosthart
BLÜTE Sommer und Frühherbst

C

Callistephus chinensis Ostrich-Plume-Serie Gartenaster

GARTENASTERN BIETEN SANFTE HERBSTFARBEN und körbeweise Schnittblumen, aber im Garten gehen sie oft an der Asternwelke zugrunde. Die gute Nachricht: Die Ostrich-Plume-Serie hält der Asternwelke besser stand als die meisten anderen; pflanzt man sie jedes Jahr in ein anderes Beet, hilft dies zusätzlich, dieses Problem zu vermeiden. Außerdem sind die Pflanzen mit langen, fedrigen Blütenblättern gesegnet und mit einem weit verzweigten Wuchs, der sie als Schnittblumen prädestiniert. Regelmäßiges Entfernen der welken Blüten verlängert die Blüte. Die Samen werden im zeitigen Frühjahr unter Glas ausgesät oder im späten Frühjahr an Ort und Stelle.

WEITERE SORTE: Pommax-Serie (kräftig, groß und kompakt; gefüllte Blüten in vielen Farben).

PFLANZENPROFIL
HÖHE 60 cm
BREITE 30 cm
STANDORT Sonne
BODEN neutral bis basisch, fruchtbar, feucht, aber gut durchlässig
WINTER bedingt frosthart
BLÜTE Spätsommer bis Herbst

Calomeria amaranthoides

C

CALOMERIA WAR ZU VIKTORIANISCHER ZEIT ein Favorit und startet nun ein Comeback. Sie ist eine Staude aus Südaustralien, Madagaskar und Afrika, aber in Mittel- und Nordwesteuropa wächst sie besser als Zweijährige. Die große, imposante Pflanze mit hängenden Trieben hat Büschel aus kleinen, hängenden, bräunlich pinkfarbenen bis roten Blüten, die sich gut zum Trocknen eigenen. Säen Sie im Herbst in Töpfe auf einer warmen Fensterbank oder im Gewächshaus aus – nicht mit Erde bedecken. Sie brauchen Geduld, denn das Keimen dauert etwa acht Monate. Im Sommer ins Freiland in Rabatten in fruchtbaren, gut durchlässigen Boden pflanzen. Um die Pflanze dazu zu bringen, ihren Duft zu verströmen, sollte man die Blätter mit einem feinen Nebel aus Wasser einsprühen. Blätter nicht berühren, sie können Hautreizungen auslösen.

PFLANZENPROFIL
HÖHE 2 m
BREITE 1 m
STANDORT Sonne
BODEN fruchtbar, gut durchlässig
WINTER Minimum 4 °C
BLÜTE Sommer

C

Campanula isophylla 'Stella Blue' Glockenblume

IHREN NAMEN HAT DIESE KOMPAKTE PFLANZE von den kleinen, glockenförmigen Blüten. Sie ist ideal für Hängekörbe oder Blumenkästen, die hübschen Blüten hängen über den Rand und blühen lange. Säen Sie den Samen im Herbst oder Spätwinter im Gewächshaus oder auf der Fensterbank aus, und pflanzen Sie die Setzlinge in gut durchlässigen, fruchtbaren Boden. Die Pflanzen können im Gewächshaus überwintern, lässt man sie im Garten, gehen sie an der Kälte zugrunde.

WEITERE SORTE: 'Stella White' (Blüten weiß, glockenförmig).

PFLANZENPROFIL
HÖHE 20 cm
BREITE 30 cm
STANDORT Sonne oder Halbschatten
BODEN fruchtbar, gut durchlässig
WINTER bedingt frosthart
BLÜTE Sommer

Campanula medium 'Calycanthema' Marienglockenblume

C

MIT IHREN DICKEN, GEWÖLBTEN GLOCKEN auf zwei Drittel ihrer Höhe ist die Marienglockenblume eine traditionelle Blume der Bauerngärten und bietet in Rabatten oder Gefäßen einen großartigen Anblick. 'Calycanthema' bietet noch mehr, sie hat oft gefüllte Blüten: Eine Glocke steckt in der anderen, in Weiß, Rosa oder Blau. Die Samen sät man entweder im Hochsommer oder Herbst in das Frühbeet und pflanzt sie im Frühjahr an Ort und Stelle aus, oder man sät im Spätwinter unter Glas und pflanzt im folgenden Frühjahr aus, sodass sie im Sommer blühen. Die Wurzeln müssen im Schatten von Begleitpflanzen stehen, die Blüten in der Sonne.

WEITERE SORTE: 'Bells of Holland' (klein; einfache Blüten in vielen Farben).

PFLANZENPROFIL
HÖHE 75 cm
BREITE 30 cm
STANDORT Sonne oder Halbschatten
BODEN neutral bis basisch, fruchtbar, feucht, aber wasserdurchlässig
WINTER völlig winterhart
BLÜTE Frühling bis Sommer

C

Campanula pyramidalis Pyramiden-Glockenblume

WENN MAN SIE ALS AUSDAUERNDE PFLANZE kultiviert, wird sie immer minderwertiger, am besten kauft man zweijährige Formen. Sie bieten aufrechte Stiele mit 4 cm breiten, tassenförmigen Blüten, die leicht duften und die Lücken im Hintergrund einer Rabatte füllen. Der Name *pyramidalis* bezieht sich auf die Tatsache, das es unten an der Basis des Stängels viel mehr Blüten gibt als oben, sodass eine lockere, pyramidenähnliche Form entsteht. Aus diesem Grund sollten Sie die Pflanzen vorn in die Rabatte pflanzen, sodass man die ganze Pflanze sehen kann. Säen Sie im Frühjahr in ein Frühbeet aus, und pflanzen Sie die Setzlinge in fruchtbare, feuchte, aber gut durchlässige Erde. Die Blütenfarbe entwickelt sich im lichten Schatten am besten.

WEITERE SORTE: *C. pyramidalis alba* (rein weiße Blüten).

PFLANZENPROFIL
HÖHE 3 m
BREITE 60 cm
STANDORT Sonne oder lichter Schatten
BODEN neutral bis basisch, fruchtbar, feucht, aber gut durchlässig
WINTER frosthart
BLÜTE Frühjahr bis Sommer

C

Capsicum annuum Paprika

EINJÄHRIGE PAPRIKA-PFLANZEN kann man leicht in Töpfen mit 20 cm Durchmesser oder in Pflanzsäcken ziehen. Es gibt im Wesentlichen zwei Varianten: die fleischige, glockenförmigen Paprika für Salat oder Gemüse und die kleineren, oft prächtig gefärbten, fingerförmigen, (oft extrem) scharfen Peperoni für die orientalische Küche. Die typischen glockenförmigen Paprika im Supermarkt sind grün, orange oder rot, aber die selbst gezogenen gibt es in einer ganzen Farbpalette von Purpur, Braun bis zu flammendem Orangerot. Die Samen, im Spätwinter ausgesät, brauchen bis zu drei Wochen zum Keimen (scharfe Peperoni am längsten), und die Pflanzen benötigen einen sonnigen, geschützten Platz, damit die Früchte ausreifen.

WEITERE SORTE: 'Black Prince' (purpurfarbene Blätter und Früchte).

PFLANZENPROFIL
HÖHE 75 cm
BREITE 30 cm
STANDORT Sonne
BODEN fruchtbar, mit Kompost oder Dünger angereichert, gut durchlässig
WINTER Minimum 4 °C
BLÜTE Sommer

C

Cardiospermum halicacabum Ballonpflanze

DIESE KLETTERPFLANZE, die in der Nähe der Tropen wächst, wird wegen ihrer aufgeblasenen, ballonähnlichen Samenkapseln, die im Herbst erscheinen, gepflanzt und nicht wegen ihrer unscheinbaren, grün-weißen Blüten im Sommer. Diese Kapseln, die zunächst hellgrün sind, aber nach und nach creme-beigefarben werden, sind überraschend fest und schwer zu öffnen. Sie waren der Anlass für eine Reihe hübscher Namen wie etwa Ballonpflanze, Ballonrebe, Ballonwein oder auch Herzsame. Im Frühjahr sät man in Kästen auf einer warmen Fensterbank oder im Gewächshaus aus, die Setzlinge werden drinnen in fruchtbarem, feuchtem, aber gut durchlässigem Boden gezogen. Ihre Ranken helfen der Pflanze, an Rankgittern, Pergolen oder Baumstämmen emporzuklettern.

PFLANZENPROFIL

HÖHE 4 m

STANDORT Sonne

BODEN fruchtbar, feucht, aber gut durchlässig

WINTER mindestens 7–10 °C

BLÜTE Sommer bis Herbst

Carlina acaulis Silberdistel

C

EINE WUNDERBARE PFLANZE FÜR TROCKENE GÄRTEN oder Kiesgärten – die Silberdistel bildet eine Rosette aus stacheligen, bis zu 30 cm langen Blättern. Die stängellosen, an Gänseblümchen erinnernden Blüten, die im Zentrum der Blätter erscheinen, sehen bläulich aus, wenn sie sich öffnen, werden dann aber silbrig cremefarben und können rosa überhaucht sein. Sie bestehen aus dünnen Hochblättern, die eine erdig braune Scheibe in der Mitte umgeben. Wenn sie getrocknet sind, können Trockenblumen-Liebhaber nicht genug von ihnen bekommen. Im Herbst sät man ins Frühbeet oder an Ort und Stelle aus. In der Natur wächst die Silberdistel auf mageren, steinigen Böden, oft nur über einer dünnen Schicht Kalk, im Garten braucht sie ähnliche Bedingungen. Die Pflanzen sind kurzlebig und vertrocknen oft nach der Blüte.

PFLANZENPROFIL
HÖHE 10 cm
BREITE 25 cm
STANDORT Sonne
BODEN mager, gut durchlässig
WINTER völlig winterhart
BLÜTE Hoch- bis Spätsommer

C

Carpanthea pomeridiana 'Golden Carpet' Mittagsblume

EINE NIEDRIGE, AN GÄNSEBLÜMCHEN erinnernde Pflanze aus Südafrika für viele Zwecke – 'Golden Carpet' ist perfekt geeignet für Gärten im mediterranen Stil, für Steingärten, Gefäße und Lücken im Terrassenpflaster. Die hellgelben Blüten mit ihren fransigen Blütenblättern und der cremegelben Mitte bieten einen üppigen Anblick. Das einzige Problem ist, dass sie sich nur bei Sonne öffnen und sich, sobald es bewölkt ist, fest schließen. Säen Sie im Spätwinter unter Glas aus, und pflanzen Sie die Setzlinge im Freien in durchschnittliche, gut durchlässige Erde (sie lieben trockene Standorte, also nicht zu viel gießen).

WEITERE SORTE: *C. pomeridiana* (viele gelbe Blütenblätter, Gänseblümchen ähnlich).

PFLANZENPROFIL
HÖHE 15 cm
BREITE 23 cm
STANDORT Sonne
BODEN durchschnittlich, trocken oder gut durchlässig
WINTER völlig winterhart
BLÜTE Sommer

Carthamus tinctorius 'Goldtuft' Färberdistel

C

DIE PFLANZE IST AUCH ALS FALSCHER SAFRAN bekannt, weil die Blüten früher verwendet wurden, um gelbe Farbe herzustellen. 'Goldtuft' passt besser in Bauerngärten als in formale Gärten, und sie wird oft wegen ihrer lange haltbaren Blüten als Schnittblume gepflanzt. Die Blüten sind 4 cm breit und erinnern an Disteln oder fransige Köpfchen – einige Experten schreiben, die Blütenblätter würden an nasse Hundehaare erinnern, nachdem der Hund aus dem See gesprungen ist und sich geschüttelt hat. Im Frühjahr wird unter Glas ausgesät, und die Setzlinge werden in leichten, gut durchlässigen Boden gepflanzt.

WEITERE SORTEN: 'Lasting White' (weiße Blüten); 'Orange Ball' (orange Blüten).

PFLANZENPROFIL
HÖHE 60 cm
BREITE 30 cm
STANDORT Sonne
BODEN locker, gut durchlässig
WINTER völlig winterhart
BLÜTE Sommer

SCHMACKHAFTE SAMEN

Kümmel wird am besten mit Zutaten mit ebenso starkem Geschmack wie etwa Zwiebeln kombiniert oder nur sparsam verwendet.

C *Carum carvi* Kümmel

KÜMMEL IST EINE DÜNNE, AUFRECHTE PFLANZE, die wegen ihrer geriffelten, braunen Samen gepflanzt wird, die auf die Köpfchen mit den kleinen weißen Blüten folgen. Die Samen sind der wichtigste Teil der Pflanze, sie werden in überraschend vielen Rezepten eingesetzt, während die gefiederten, aromatischen, hellgrünen Blätter klein geschnitten in Salaten verwendet werden können. Auch die Wurzeln kann man kochen und als Gemüse essen. Säen Sie im Herbst (damit der Kümmel im folgenden Sommer blüht und Samen bildet) oder im Frühjahr an Ort und Stelle in durchschnittlichen, gut durchlässigen Boden aus.

PFLANZENPROFIL

HÖHE 60 cm

BREITE 30 cm

STANDORT Sonne

BODEN durchschnittlich, gut durchlässig

WINTER völlig winterhart

BLÜTE Hochsommer

Catharanthus roseus 'Parasol' Madagaskar-Immergrün

C

ES KOMMEN IMMER NEUE, BUSCHIGE, sehr gute Sorten in vielen Farben auf den Markt. Niedrigere Sorten werden als immergrüne Zimmerpflanzen gehalten, aber 'Parasol' mit ihren weißen Blüten und dem kontrastreichen rosaroten Auge ist eine der höchsten und am besten für Rabatten geeignet. Säen Sie im zeitigen Frühjahr unter Glas aus, und kultivieren Sie die Setzlinge in trockenem, lockerem, stark durchlässigem Boden an einem nach Süden ausgerichteten Platz oder an einer sonnigen Wand. Starke Nässe ist für die Pflanze tödlich, deshalb ist sie als Begleitpflanze für Beetpflanzen, die viel Wasser benötigen, nicht geeignet.

WEITERE SORTE: Cooler-Serie (kompakt und verzweigt; tiefrosarote und weiße Blüten mit breiten, überlappenden Blütenblättern).

PFLANZENPROFIL

HÖHE 45 cm

BREITE 45 cm

STANDORT Sonne

BODEN durchschnittlich, sehr gut durchlässig

WINTER mindestens 5–7 °C

BLÜTE Frühjahr bis Sommer

C

Celosia argentea 'Fairy Fountains' (Plumosa-Gruppe) Brandschopf

ES GIBT ZWEI HAUPTTYPEN der einjährigen *Celosia*: die Sorten der *C. argentea* var. *cristata* Plumosa-Gruppe mit ihrem fedrigen Schopf und die von *C. argentea* var. *cristata*, die viel festere Blütenstände haben und meist als Topfpflanzen verkauft werden. 'Fairy Fountains', die meist in großen Gruppen gepflanzt wird, gehört zur ersten Gruppe und ist in vielen Farben wie Pink, Lachs und Cremegelb erhältlich. Man sät im Frühjahr unter Glas aus und pflanzt die Setzlinge im Freiland an einem geschützten Platz in fruchtbare, feuchte, aber durchlässige Erde.

WEITERE SORTEN: 'Apricot Brandy' (tief orangefarbene Blüten); Century-Serie (Blüten lebhaft rot, rosarot oder gelb).

PFLANZENPROFIL
HÖHE 40 cm
BREITE 30 cm
STANDORT Sonne
BODEN fruchtbar, feucht, aber gut durchlässig
WINTER bedingt frosthart
BLÜTE Sommer

Celosia argentea var. *cristata* Sorten Brandschopf, Hahnenkamm

C

DIESE UNGLAUBLICH EINDRUCKSVOLLEN und herrlich bizarren Blüten stehen aufrecht wie ein Hahnenkamm. Sie sehen aus, als seien sie von einem Gartenarchitekten entworfen, sind aber ganz natürlich. Sie verleihen dem Garten einen wunderbaren oder schrillen Touch, ihr Charakter kommt am besten in einer großen Gruppe zur Geltung. Zu den bewährten Sorten gehören die 30 cm hohe 'Coral Garden' und die noch niedrigere 'Jewel Box'. Die Samen werden im Frühjahr unter Glas ausgesät und die Keimlinge an einen geschützten Platz in fruchtbare, feuchte, aber gut durchlässige Erde gesetzt.

WEITERE SORTE: Olympia-Serie (klein; Blüten in vielen Farben wie Goldgelb, Scharlachrot, Hellrot, tief Kirschrot und Purpur).

PFLANZENPROFIL
HÖHE 10 cm–1,2 m
BREITE 15–50 cm
STANDORT Sonne
BODEN fruchtbar, feucht, aber gut durchlässig
WINTER bedingt frosthart
BLÜTE Sommer

C

Centaurea americana 'Aloha' Flockenblume

Sie ist eine eindrucksvolle Schönheit mit kräftigen Stängeln und 15 cm breiten Blüten, von denen jede einen Kranz gefranster Blütenblätter trägt. Als Schnittblume hält sie eine Woche in der Vase. Die Mutterpflanze, *C. americana*, hat etwas dunklere Blüten, die mehr rosa-purpurfarben sind. Säen Sie die Samen im Frühjahr an Ort und Stelle in feuchte, aber gut durchlässige Erde aus; es ist wichtig, dass die Pflanzen nicht immer wieder versetzt werden, weil die Wurzeln Störungen nicht tolerieren. Flockenblumen eignen sich für informelle Natur- oder Bauerngärten, und wenn Sie genug Platz für ein Beet nur mit Schnittblumen haben, sollten Sie sie dort säen.

WEITERE SORTE: 'Aloha Blanca' (weiße Blüten).

PFLANZENPROFIL
HÖHE 1,2 m
BREITE 60 cm
STANDORT Sonne oder Halbschatten
BODEN feucht, aber gut durchlässig
WINTER völlig winterhart
BLÜTE Sommer

Centaurea cyanus Standard Tall-Gruppe Kornblume

C

EINST WAR SIE EIN GEWÖHNLICHES UNKRAUT in den Kornfeldern, bis sie mit Pflanzenschutzmitteln ausgemerzt wurde, heute ist die Kornblume eine populäre Pflanze in Wildgärten. Die meisten neuen Sorten bieten eine breite Farbpalette buschigerer, niedrigerer Pflanzen. Eine höhere Züchtung, die Standard-Tall-Gruppe, wird 1-1,2 m hoch. Ihre Blüten sind weiß und schwach rosa, blau, malvenfarben oder kastanienbraun; alle sind exzellente Schnittblumen. Säen Sie im Frühjahr an Ort und Stelle aus oder im Herbst, wenn sie am Ende des Frühlings blühen sollen. Sie benötigen einen gut durchlässigen Boden.

WEITERE SORTE: Florence-Serie (Blüten kirschrot, rosa oder weiß).

PFLANZENPROFIL

HÖHE 1–1,2 m

BREITE 25 cm

STANDORT Sonne oder Halbschatten

BODEN gut durchlässig

WINTER völlig winterhart

BLÜTE später Frühling bis Hochsommer

C

Centradenia inaequilateralis 'Cascade'

MIT DEN BLÜTEN VON 'CASCADE' von rosa bis malvenfarben können Sie einer Pflanzung in Pastellfarben einen Extraton hinzufügen. Die Blüten werden umgeben von Blättern mit kupferfarbenen Flecken, die unter eher schattigen Bedingungen besser zur Geltung kommen – in der vollen Sonne werden sie grün. Entfernt man die wachsenden Triebe zeitig in der Saison, bieten die Pflanzen den Sommer über einen vollen, buschigen Anblick. Eingetopft und im Herbst ins Haus gebracht sind sie gut geeignet für den Wintergarten; aber damit sie auch im nächsten Jahr wieder blüht, braucht 'Cascade' im Winter eine kühlere Periode. Man vermehrt sie mit Stecklingen im Sommer und zieht sie in fruchtbarer, feuchter, aber gut durchlässiger Erde an.

PFLANZENPROFIL

HÖHE 38 cm

BREITE 30 cm

STANDORT Halbschatten

BODEN fruchtbar, feucht, aber gut durchlässig

WINTER Minimum 5 °C

BLÜTE Sommer

Cerinthe major 'Purpurascens' Große Wachsblume

C

DIE GROSSE WACHSBLUME ist mit ihren witzigen, purpurfarbenen blütenähnlichen Gebilden – die die kleinen, die Bienen anlockenden Blüten praktisch verbergen – am Ende der Stiele sowie mit ihren reichen grünblauen Blättern an den weichen, biegsamen Zweigen ein Blickfang. Die Pflanze blüht den ganzen Sommer über bis zum ersten Frost, und wenn sie sich erst einmal im Garten eingelebt hat, gibt es kein Zurück mehr, da sie sich reichlich selbst aussät. Setzen Sie sie vorne in eine Rabatte, wo sich alle an ihrem ungewöhnlichen Aussehen erfreuen können. Im zeitigen Frühjahr unter Glas aussäen oder im späten Frühjahr an Ort und Stelle, bevorzugt in gut durchlässigem Boden, obwohl sie auch lehmige Böden toleriert.

WEITERE SORTE: 'Yellow Gem' (gelbe Blüten).

PFLANZENPROFIL
HÖHE 60 cm
BREITE unbestimmt
STANDORT Sonne oder Halbschatten
BODEN fruchtbar, feucht, aber gut durchlässig
WINTER völlig winterhart
BLÜTE Sommer bis Herbst

C

Chrysanthemum carinatum Bunte Wucherblume

C. CARINATUM (SYN. *ISMELIA CARINATA*) ist aufrecht, buschig und rasch wüchsig. Sie hat runde, weiße, 10 cm breite Blüten, die an Gänseblümchen erinnern und einen gelben Ring mit purpurfarbenem Zentrum besitzen, sowie hellgrüne, fast sukkulente Blätter. Verwenden Sie diese reich blühende Pflanze als farbenprächtigen Lückenfüller in Rabatten, und erfreuen Sie sich an ihrem einfachen Charme in Bauern- und Wildblumengärten. Es gibt mehrere Sorten, alle sind exzellente Schnittblumen. Säen Sie die Samen im Frühjahr an Ort und Stelle oder früher ins Frühbeet aus, und ziehen Sie die Keimlinge in gut durchlässiger, durchschnittlicher Erde an.

WEITERE SORTE: 'Polar Star' (blassgelbe Blüten mit orangefarbener Zonierung).

PFLANZENPROFIL

HÖHE 60 cm

BREITE 30 cm

STANDORT Sonne

BODEN durchschnittlich, gut durchlässig

WINTER bedingt frosthart

BLÜTE Sommer bis Frühherbst

SCHARFE BLÄTTER

Die Kronen-Wucherblume sieht nicht nur gut aus, ihre jungen, tief gezähnten Blätter sind schmackhaft genug für Salate oder als Gemüse.

Chrysanthemum coronarium Kronen-Wucherblume

C

DIE KRONEN-WUCHERBLUME TRÄGT 5 cm breite, buttergelbe Blüten im Frühjahr. Wie *C. carinatum* ist sie aufrecht buschig und reich blühend, aber ihre lichtgrünen Blätter erinnern an Farn. Wenn Sie in einer Region mit relativ mildem Klima leben, säen Sie die Samen im Herbst in das Frühbeet oder an Ort und Stelle aus, wo die Pflanzen zur Frühjahrsmitte blühen. In kühleren Gegenden sät man im Frühjahr, um im Sommer Blüten zu haben. Durchschnittlicher, gut durchlässiger Boden ist in Ordnung, aber wenn er zu fruchtbar ist, werden die Stängel weich und müssen angebunden werden.

WEITERE SORTEN: 'Primrose Gem' (blassgelb mit goldfarbenem Auge).

PFLANZENPROFIL

HÖHE 80 cm

BREITE 40 cm

STANDORT Sonne

BODEN durchschnittlich, gut durchlässig

WINTER völlig winterhart

BLÜTE Frühjahr bis Sommer

C

Chrysanthemum multicaule 'Moonlight' Zwergwucherblume

ANDERS ALS DIE GRÖSSEREN *CHRYSANTHEMUM*-ARTEN, die bis zu 1,2 m hoch werden, ist 'Moonlight' eine kompakte, niedrige Pflanze. Mit ihren klaren, blassgelben Blütenblättern, die das gelbe Auge umgeben, ist *Chrysanthemum multicaule* (syn. *Coleostephus multicaulis*) eine hübsche Wahl für Tröge, Töpfe und Blumenkästen; sie eignet sie auch für Lücken im Terrassenpflaster. Außerdem ist sie leicht zu ziehen. Man sät die Samen im zeitigen Frühjahr an einem warmen Fensterbrett oder im Gewächshaus aus, oder man sät im späten Frühjahr an Ort und Stelle. Sie wächst gut in durchschnittlichem, gut durchlässigem Boden.

WEITERE SORTE: 'Sunlight' (gelbe Blüten).

PFLANZENPROFIL
HÖHE 10 cm
BREITE 30 cm
STANDORT Sonne
BODEN durchschnittlich, gut durchlässig
WINTER frosthart
BLÜTE Sommer

Chrysanthemum segetum Saat-Wucherblume

C

DIE SAAT-WUCHERBLUME WAR EINST eine verbreitete Wildpflanze und tauchte die Kornfelder mit ihren gelben, den Gänseblümchen ähnlichen Blüten in goldgelbe Farbe. Heute ist diese liebliche, lange blühende Blume wieder leicht zu ziehen, weil sie in den meisten Wildblumensamen-Packungen enthalten ist. In relativ milden Regionen sät man die Samen im Herbst im Gewächshaus oder im Kasten auf der Fensterbank aus, damit die Pflanzen zur Frühjahrsmitte blühen. In kühleren Gegenden sät man im Frühjahr an Ort und Stelle, dann blühen sie im Sommer.

WEITERE SORTEN: 'Eastern Star' (primelgelbe Blütenblätter mit braunem Auge); 'Prado' (goldgelbe Blütenblätter mit kontrastierendem, braunem Zentrum).

PFLANZENPROFIL
HÖHE 80 cm
BREITE 30 cm
STANDORT Sonne
BODEN durchschnittlich, stark durchlässig
WINTER völlig winterhart
BLÜTE Sommer

C

Clarkia pulchella Mixed Double Choice Klarkie

KLARKIEN WAREN GROSSE FAVORITEN, seit der schottische Pflanzensammler David Douglas einige Arten in den 20er-Jahren des 19. Jahrhunderts gesammelt hatte (ein paar Jahre später stürzte er auf einer hawaiianischen Insel in eine Tierfalle, wo er von einem Bullen, der ebenfalls hineingestürzt war, aufgespießt wurde). Die Lila- und Rosatöne von Mixed Double Choice verleihen einer Blumenrabatte einen sanften, weichen Touch. Die Muttterpflanze *C. pulchella* ist als Schnittblume bekannt. Die Samen sät man im Herbst oder zeitigen Frühjahr an Ort und Stelle in leicht sauren, feuchten, aber gut durchlässigen Boden.

WEITERE SORTE: 'Snowflake' (reichlich rein weiße Blüten).

PFLANZENPROFIL

HÖHE 30 cm

BREITE 20 cm

STANDORT Sonne oder Halbschatten

BODEN leicht sauer, durchschnittlich, feucht, aber gut durchlässig

WINTER völlig winterhart

BLÜTE Sommer

Clarkia 'Salmon Princess' Klarkie

C

DIE KLARKIE 'SALMON PRINCESS' mit ihren gekräuselten, samtigen Blüten wird oft auch Godetia genannt und ist als Schnittblume begehrt (schneiden Sie die Stängel, wenn sich die Knospen gerade öffnen). Machen Sie sich keine Gedanken darüber, dass Sie dadurch den Gesamteindruck zerstören, denn die einzelnen Blüten halten nur etwa eine Woche, und es werden schnell neue nachfolgen. Man sät im Frühjahr oder Herbst an Ort und Stelle aus und zieht die Setzlinge in feuchter, aber gut durchlässiger, durchschnittlicher, leicht saurer Erde, die im Sommer nicht austrocknet.

WEITERE SORTEN: *C. amoena* (einfache oder gefüllte, lila bis rötlich rosa Blüten in Trauben); Grace-Serie (Blüten einfach, lavendelrosa, rot, lachsfarben oder rosa mit kontrastierendem Zentrum).

PFLANZENPROFIL
HÖHE 30 cm
BREITE 30 cm
STANDORT Sonne oder Halbschatten
BODEN leicht sauer, durchschnittlich, feucht, aber gut durchlässig
WINTER völlig winterhart
BLÜTE Sommer

C

Cleome hassleriana 'Colour Fountain' Spinnenblume

DIESE AUFRECHTEN, BRUSTHOHEN EINJÄHRIGEN mit ihren farbenprächtigen, duftenden Blütenköpfen – jede Blüte hat vier aufrechte Blütenblätter – sind ein Blickfang. Sie geben Beeten und Rabatten eine exquisite Note, wenn sie in großen Gruppen von etwa sechs oder mehr gepflanzt werden. *Cleome* braucht einen warmen Sommer, um richtig zur Blüte zu kommen. Damit sie zusätzliche Blütentriebe bildet, entfernt man die Triebspitzen, lässt aber die kurzen, kräftigen Dornen, wo die Blätter aus dem Stängel kommen, stehen. Säen Sie im Frühjahr unter Glas aus, und setzen Sie die Pflanzen in fruchtbare, gut durchlässige Erde. Um niedrigere Pflanzen für kleinere Beete zu bekommen, sät man die Samen etwas später zur Frühjahrsmitte aus.

WEITERE SORTE: 'Helen Campbell' (rein weiße Blüten).

PFLANZENPROFIL

HÖHE 1,2 m

BREITE 45 cm

STANDORT Sonne

BODEN leicht, fruchtbar, gut durchlässig

WINTER Minimum 4 °C

BLÜTE Hochsommer bis Frühherbst

Cobaea scandens Glockenrebe

C

DIE GLOCKENREBE IST EINE SPEKTAKULÄRE, kräftige Kletterpflanze, die im ersten Jahr mühelos eine Höhe von 4,5 m erreicht. Sie bildet fleischige, glockenförmige, duftende Blüten, die beim Öffnen cremefarben-grün sind und dann tief purpurfarben werden. Die Form der Blüten und die steifen grünen Kelchblätter gaben ihr den Namen. Wählen Sie den Standort mit Bedacht, denn wenn die Stängel einmal wachsen, klammern sie sich an allem fest, was ihnen in den Weg kommt. Leiten Sie sie an einer kräftigen Kletterhilfe empor, z. B. an einem Rankgitter an einem sonnigen Platz, einem Zaun oder einer Mauer mit horizontal gespannten Drähten. In heißen Jahren folgen auf die Blüten eiförmige, nicht essbare grünliche Früchte (siehe Foto). Man sät im Frühjahr in einen Kasten auf einem warmen Fensterbrett oder im Gewächshaus aus.

PFLANZENPROFIL

HÖHE 20 m

STANDORT Sonne

BODEN durchschnittlich, feucht, aber durchlässig

WINTER Minimum 5 °C

BLÜTE Sommer bis Herbst

PERLENARTIGE SAMEN

Die harten, glänzenden Samen verfärben sich beim Reifen von Grün nach Perlgrau und Purpur. Sie werden für Schmuck verwendet.

C

Coix lacryma-jobi Hiobsträne

EIN WEITERER TREFFENDER NAME für diese Pflanze wäre Halsbandgras, weil die Samen, die nur nach einem langen, heißen Sommer gebildet werden, wie Perlen aussehen und hart genug sind, um sie als Kette oder Rosenkranz aufzufädeln. Am besten zieht man die Hiobsträne, indem man sie im zeitigen Frühjahr an einem warmen Fensterbrett oder im Gewächshaus aussät. Pflanzen Sie die Keimlinge in immer größere Töpfe um, und wenn die Temperaturen sommerlich warm sind, pflanzen Sie sie am Fuß einer sonnigen, geschützten Mauer aus, wo sie in der Hitze schmoren können. Sie benötigen leichten bis mittelschweren Boden, der fruchtbar und feucht, aber gut durchlässig ist.

PFLANZENPROFIL
HÖHE 90 cm
BREITE 30 cm
STANDORT Sonne
BODEN leicht bis mittel, fruchtbar, feucht, aber gut durchlässig
WINTER bedingt frosthart
BLÜTE Frühherbst

Collinsia grandiflora Collinsie

C

OBWOHL SIE NICHT SO BEKANNT IST wie die leicht erhältliche, schwächere *C. heterophylla* (syn. *C. bicolor*), verdient *C. grandiflora* größere Popularität wegen ihrer hübschen zweifarbigen Blüten. Sie bestehen aus einer hellrosa Oberlippe und einer blau-purpurfarbenen Unterlippe. Beide Pflanzen sind es wert, in Rabatten und Wildblumengärten gepflanzt zu werden (man muss sie an dünnen Stäben festbinden), und sie werden Sie mit lang haltbaren Schnittblumen versorgen. Man sät im zeitigen Frühjahr oder im Herbst an Ort und Stelle in fruchtbaren, feuchten, aber gut durchlässigen Boden an einem geschützten Platz aus.

WEITERE SORTEN: *C. heterophylla* (syn. *C. bicolor*) 'Candidissima' (rein weiße Blüten).

PFLANZENPROFIL
HÖHE 30 cm
BREITE 30 cm
STANDORT Sonne oder Halbschatten
BODEN fruchtbar, feucht, aber gut durchlässig
WINTER völlig winterhart
BLÜTE Frühjahr bis Sommer

C

Collinsia heterophylla (syn. *C. bicolor*) Collinsie

DIE ATTRAKTIVEN ZWEIFARBIGEN BLÜTEN erinnern ein bisschen an chinesische Pagoden. Die Blüten stehen dicht um den schlanken, weichen, biegsamen Stängel – sie brauchen eine feste Stütze, damit die Blumen nicht abknicken. Säen Sie im Herbst oder Frühjahr an Ort und Stelle aus. Der Boden muss fruchtbar und feucht sein; die Blütenbildung kommt zum Stillstand, wenn der Boden im Sommer austrocknet. Wenn sie sich gut ausgebreitet hat, sät sie sich reichlich selbst aus.

WEITERE SORTE: 'Multicolor' (Blüten in Weiß, Lila und Purpurrosa).

PFLANZENPROFIL

HÖHE 60 cm

BREITE 30 cm

STANDORT Sonne bis Halbschatten

BODEN fruchtbar, feucht, aber gut durchlässig

WINTER völlig winterhart

BLÜTE Frühjahr bis Sommer

Commelina coelestis Tagblume

C

DIE LEBHAFTEN, PFAUENBLAUEN BLÜTEN der Tagblume sind es wert, in die meisten Ecken eines Gartens gepflanzt zu werden. Die kleinen Blüten halten zwar nur einen Tag, aber es öffnen sich ständig neue. Die Samen sät man im Frühjahr an einer warmen Fensterbank oder im Gewächshaus aus und pflanzt die Keimlinge draußen in fruchtbare, gut durchlässige Erde. Ist der Standort geschützt und mild, übersteht die frostharte Tagblume den Winter draußen, wenn man sie mit einer Schicht Mulch oder Rindenmulch als Schutz abdeckt. Fehlt der Winterschutz, muss man sie in Töpfe einpflanzen und im Gewächshaus oder auf der Fensterbank überwintern. Im folgenden Frühjahr pflanzt man sie nach dem letzten Frost wieder aus.

PFLANZENPROFIL
HÖHE 90 cm
BREITE 45 cm
STANDORT Sonne oder Halbschatten
BODEN fruchtbar, gut durchlässig
WINTER frosthart
BLÜTE Spätsommer bis Herbstmitte

GIFTIGE SAMEN

Die Samenkapseln erinnern an die Ohren kleiner Fledermäuse und enthalten giftige Samen, die man an einem kühlen, trockenen Platz aufbewahrt.

C

Consolida ajacis Giant-Imperial-Serie Sommer-Rittersporn

Der Sommer-Rittersporn ist eine der unkompliziertesten Pflanzen im Bauerngarten und erinnert ein wenig an den Rittersporn. Die Giant-Imperial-Serie blüht früher und ist höher als die meisten anderen. Sie hat aufrechte Trauben mit hellen gefüllten Blüten, die den ganzen Sommer über erscheinen und sich gut als Schnittblumen eignen. Die Stängel sind fest und aufrecht und verzweigen sich schon ganz unten. Man sät die Samen im Frühjahr an Ort und Stelle aus. In trockenen Zeiten muss gut gewässert werden. Achten Sie auf Schnecken, die die Stängel zerstören können.

WEITERE SORTEN: Dwarf-Hyacinth-Serie (gefüllte, dichte Blüten); Dwarf-Rocket-Serie (klein und kompakt; gefüllte blaue, purpurfarbene, weiße oder rosafarbene Blüten).

PFLANZENPROFIL

HÖHE 100 cm

BREITE 35 cm

STANDORT Sonne

BODEN leicht, fruchtbar, gut durchlässig

WINTER völlig winterhart

BLÜTE Sommer

Convolvulus tricolor 'Royal Ensign' Dreifarbige Winde

C

WENN SIE EINE NIEDRIGERE, BUSCHIGERE und kompakte Variante der Prunkwinde (*Ipomoea*) wünschen, die ähnliche offene Blüten und eine brillante blaue Farbe hat, sollten sie 'Royal Ensign' wählen. Verwenden Sie sie in Hängekörben oder als Lückenfüller am Rand einer Rabatte oder im Steingarten. Die kurzlebigen Blüten öffnen sich am Tag und schließen sich nachts, sie erscheinen den ganzen Sommer über. Die Samen werden im Frühjahr an Ort und Stelle in mageren bis durchschnittlichen, gut durchlässigen Boden ausgesät.

WEITERE SORTE: Ensign-Serie (Blüten in Hellblau, Blassblau, Dunkelrot und Rosenrot).

PFLANZENPROFIL
HÖHE 30 cm
BREITE 30 cm
STANDORT Sonne
BODEN mager bis durchschnittlich, steinig, gut durchlässig
WINTER völlig winterhart
BLÜTE Sommer

C

Coreopsis grandiflora 'Early Sunrise' Großblütiges Mädchenauge

MIT IHREN VIELEN HALB GEFÜLLTEN, rein gelben Blüten mit einem Hauch von Orange in der Mitte verleiht das Großblütige Mädchenauge dem Garten einen sommerlichen, leichten Touch. Die Stängel haben gerade die richtige Höhe für eine Rabatte und passen gut zu roten und königsblauen Blüten. Entfernen Sie regelmäßig welke Blüten, damit neue gebildet werden und die Pflanzen ordentlich aussehen. Man zieht diese Staude als Ein- oder Zweijährige, weil sie nach dem ersten Jahr an Kraft verliert. Säen Sie im Frühjahr an Ort und Stelle aus oder im Sommer, wenn sie im folgenden Jahr blühen sollen. Die Pflanzen benötigen fruchtbaren, gut durchlässigen Boden.

WEITERE SORTEN: 'Gold Star' (goldgelbe Blüten mit eingerollten oder gekräuselten Zungenblüten); 'Sunray' (gefüllte, tiefgelbe Blüten).

PFLANZENPROFIL

HÖHE 45 cm

BREITE 45 cm

STANDORT Sonne oder Halbschatten

BODEN fruchtbar, gut durchlässig

WINTER völlig winterhart

BLÜTE Sommer

Coreopsis tinctoria Färber-Mädchenauge

C

DAS FÄRBER-MÄDCHENAUGE MIT SEINEN leuchtend gelben Blüten mit dunkelroter Mitte ist eine wunderbare Bereicherung für sommerliche Rabatten. Sie bringt neuen, aber nicht zu kräftigen Schwung in eine matte Farbkombination und passt am besten zu satten Blau- und Rottönen. Die fein geteilten hellgrünen Blätter unterstützen die Wirkung. Säen Sie vom zeitigen Frühjahr bis Frühsommer in regelmäßigen Abständen an Ort und Stelle aus. Die Pflanzen bevorzugen gut durchlässigen, fruchtbaren Boden. Um die Blütenbildung anzuregen, schneidet man die Blüten ab, sobald sie zu welken beginnen.

WEITERE SORTEN: 'Mahogany Midget' (klein, gelbe und mahagonirote Blüten); 'Tiger Flower' (klein; karmesinrote bis goldgelbe Blüten, viele gefleckt und gestreift).

PFLANZENPROFIL
HÖHE 1,2 m
BREITE 45 cm
STANDORT Sonne oder Halbschatten
BODEN fruchtbar, gut durchlässig
WINTER völlig winterhart
BLÜTE Frühjahr bis Herbst

C

Coriandrum sativum Koriander

MAN KANN KORIANDER AUCH in Mittel- und Nordwesteuropa kultivieren, aber um wirklich gut zu gedeihen, brauchen die Pflanzen lange, heiße Sommer. Es gibt zwei Möglichkeiten: *C. sativum* liefert sowohl Blätter als auch Samen, während 'Cilantro' ein Übermaß an Blättern hervorbringt. Die kleinen Blüten sind dekorativ, aber nur die Blätter und Samen werden in der orientalischen Küche verwendet (bewahren Sie nicht verwendete Samen für die Aussaat im folgenden Jahr auf). Warten Sie bei beiden Koriander-Varianten mit der Aussaat, bis sich der Boden im Frühsommer wirklich aufgewärmt hat; sät man früher, muss man den Boden mit Folie abdecken, um ihn warm zu halten. Binden Sie die weichen Stängel an dünne Stäbe.

WEITERE SORTE: 'Cilantro' (mehr Blätter als Samen).

PFLANZENPROFIL
HÖHE 50 cm
BREITE 20 cm
STANDORT Sonne oder Halbschatten
BODEN leicht, fruchtbar, gut durchlässig
WINTER völlig winterhart
BLÜTE Hochsommer

Cosmos bipinnatus 'Sea Shells' Kosmee, Schmuckkörbchen

C

ES SPRECHEN ZWEI GUTE GRÜNDE für diese Pflanze. Der erste sind ihre typischen Blüten mit den weit geöffneten Blütenblättern und dem gelben Auge, der zweite ist das feine, gefiederte Laub, das einen attraktiven, duftigen Hintergrund bildet. Die Blüten erscheinen den ganzen Sommer über und wirken besonders gut in Rabatten oder auch als Lückenfüller. Man sät zur Frühjahrsmitte unter Glas aus oder ein paar Wochen später an Ort und Stelle, wo die Pflanzen in durchschnittlichem, feuchtem, aber gut durchlässigem Boden wachsen können.

WEITERE SORTE: 'Candy Stripe' (weiße Blüten mit dunkel karmesinrotem Rand; einige Blüten haben auch karmesinrote Flecken, gelegentlich auch rein karmesinrote Blüten).

PFLANZENPROFIL
HÖHE 90 cm
BREITE 45 cm
STANDORT Sonne
BODEN durchschnittlich, feucht, aber gut durchlässig
WINTER bedingt frosthart
BLÜTE Sommer

C

Cosmos sulphureus Ladybird-Serie Gelbe Kosmee

WENN SIE NUR WENIGE SAMENTÜTCHEN KAUFEN, sollte eine von ihnen diese Kosmee sein. Die Blüten sind wie kleine, weit geöffnete Untertassen mit Knopfaugen und werden von feinen, gefiederten Blättern umrahmt. Pflanzen der Ladybird-Serie bestechen durch überreiche, lang anhaltende Blüte, behaarte Stängel (auch wenn das Laub nicht so dekorativ ist wie das anderer Formen), und sie sind niedrig genug, um sie an den Rand einer Rabatte zu pflanzen, wo sie sich als exzellente Lückenfüller erweisen. Sie machen sich auch gut, wenn man sie rund um Statuen oder Liliengruppen pflanzt. Säen Sie zur Frühjahrmitte unter Glas aus oder ein paar Wochen später an Ort und Stelle in durchschnittlichen, feuchten aber durchlässigen Boden.

WEITERE SORTE: 'Butterkist' (halb gefüllte, gelbe Blüten).

PFLANZENPROFIL

HÖHE 40 cm

BREITE 20 cm

STANDORT Sonne

BODEN durchschnittlich, feucht, gut durchlässig

WINTER Minimum 5 °C

BLÜTE Sommer

Cotula coronopifolia Krähenfuß-Laugenblume

C

SIE IST EINE SELTENE EINJÄHRIGE für einen Gartenteich, wo sie es genießt, im flachen, nicht mehr als 15 cm tiefen Wasser zu wachsen – oder in einem Sumpfbeet oder einer feuchten Rabatte. Die Blüten der Krähenfuß-Laugenblume sind kleine, runde Scheiben oder Knöpfe, die am Ende eines schlanken Stiels stehen. Die frischen grünen Blätter werden bis zu 12 cm lang und riechen stark. Die kurzlebige und recht zarte Staude gedeiht am besten als Einjährige. Die Samen keimen leicht (auf die Erde streuen, aber nicht abdecken), wenn man sie im Frühjahr unter Glas aussät. In Rabatten braucht sie feuchten, fruchtbaren Boden.

PFLANZENPROFIL
HÖHE 15 cm
BREITE 30 cm
STANDORT Sonne
BODEN feucht, fruchtbar
WINTER frosthart
BLÜTE Sommer

C

Crepis rubra Pippau

DIE GEBOGENEN STÄNGEL DES PIPPAUS entspringen aus einer grundständigen Blattrosette, und seine Blüten sind klein, aber lang andauernd. Entfernen Sie welke Blüten sofort, damit die Blüte angeregt wird. Auch wenn sie den Winter draußen überstehen würde, verliert die Pflanze an Kraft, erschöpft sich und stirbt ab. Deshalb zieht man sie am besten jedes Jahr als Einjährige frisch an. Für eine hübsche Mischung der rosa *C. rubra* mit Weiß pflanzt man eine gleiche Anzahl der weißen *C. rubra* var. *alba*. Die Samen werden im Herbst in das Frühbeet ausgesät und die Pflanze in gut durchlässigen Boden ausgepflanzt. Wenn sie sich eingelebt hat, sät sie sich zuverlässig selbst aus.

PFLANZENPROFIL
HÖHE 40 cm
BREITE 15 cm
STANDORT Sonne
BODEN durchlässig
WINTER völlig winterhart
BLÜTE Frühjahr bis Sommer

Cuphea llavea 'Tiny Mice' Köcherblümchen

C

DIE KLEINE UND STRAUCHIGE 'TINY MICE' kann man leicht an den kurzen Blütenstielen mit den gegenständigen Blättern erkennen. An der Basis jeder Blüte ist ein purpurfarbener Fleck, der dem Gesicht einer Mickymaus mit zwei schwarzen Ohren gleicht. *C.* x *purpurea* wird doppelt so hoch und hat rosarote bis rote Blüten. Säen Sie im zeitigen Frühjahr unter Glas aus oder ein paar Wochen später an Ort und Stelle. Beide mögen gut durchlässigen, durchschnittlichen Boden.

WEITERE SORTEN: *C. hyssopifolia* (hell rosa-purpurfarbene, rosafarbene oder weiße Blüten); *C. ignea* (tiefrote Blüten, jede mit einem dunkelroten Band, weißem Rand und zwei kleinen, schwarzpurpurfarbenen Kronblättern).

PFLANZENPROFIL
HÖHE 23 cm
BREITE 15 cm
STANDORT Sonne oder Halbschatten
BODEN durchschnittlich, durchlässig
WINTER bedingt frosthart
BLÜTE Frühjahr bis Herbst

C

Cuphea x *purpurea* 'Firefly' Köcherblümchen

DIE VORFAHREN DIESER BUSCHIGEN EINJÄHRIGEN stammen aus dem tropischen und subtropischen Amerika, und das macht sie zu einem lebhaften Mitglied für eine Rabatte in einem Treibhaus. Die Blüten erscheinen den ganzen Sommer über oberhalb der dunkelgrünen Blätter am Ende der Stängel. Um sie zu überwintern, pflanzt man sie in ein Gefäß und hält sie im Wintergarten – mit der Zeit wird sie eventuell ziemlich strauchig. Als Alternative kann man die Samen jedes Jahr im zeitigen Frühjahr unter Glas oder ein paar Wochen später an Ort und Stelle in durchschnittlichen, gut durchlässigen Boden aussäen.

WEITERE SORTE: 'Avalon' (purpurfarbene Blüten).

PFLANZENPROFIL
HÖHE 60 cm
BREITE 45 cm
STANDORT Sonne oder Halbschatten
BODEN durchschnittlich, gut durchlässig
WINTER bedingt frosthart
BLÜTE Frühjahr bis Herbst

Cynoglossum amabile 'Firmament' Hundszunge

C

MIT IHREN SCHLEIERN AUS INTENSIV BLAUEN BLÜTEN (die manchmal weiß oder blassrosa mit weißem oder blauem Auge sind), gedeiht diese Ein- oder Zweijährige am besten in Gruppen (in der Masse wirkt sie besser) und wiegt sich an der Front einer Rabatte oder rund um Büsche. Auch wenn man sie als Einjährige kultivieren kann, bekommt man bessere Ergebnisse, wenn man die Samen im Frühherbst an Ort und Stelle aussät, sodass die Pflanzen im folgenden Frühjahr blühen. Sie wachsen in feuchtem, aber gut durchlässigem, etwas fruchtbarem Boden – nicht überdüngen, sonst kümmern sie.

WEITERE SORTE: 'Mystery Rose' (weiße Blüten mit einem Hauch Rosa oder Lila).

PFLANZENPROFIL
HÖHE 40 cm
BREITE 30 cm
STANDORT Sonne oder Halbschatten
BODEN durchschnittlich, feucht, aber gut durchlässig
WINTER völlig winterhart
BLÜTE Frühjahr bis Frühsommer

D

Dahlia Coltness-Hybriden Dahlie

TROTZ IHRER ERLESENEN FARBEN und obwohl sie so leicht zu pflegen sind, liegt der Vorteil in der Kultivierung als Einjährige doch darin, dass man die Pflanzen am Ende des Herbstes einfach wegwerfen kann. Wenn Sie eine bevorzugte, aus Samen gezogene Dahlie haben, die sie für das nächste Jahr aufheben wollen, bewahren Sie die Knollen in einem großen Topf mit leicht feuchtem, grobkörnigem Vermiculit an einem frostfreien Platz auf. Säen Sie die Samen im zeitigen Frühjahr unter Glas, und setzen Sie die Pflanzen draußen in fruchtbare, gut durchlässige Erde. Im Sommer mit Tomatendünger düngen.

WEITERE SORTE: 'Figaro' (gefüllte, manchmal halb gefüllte Blüten in verschiedenen Farben wie Weiß, Gelb, Rot und Rosa).

PFLANZENPROFIL

HÖHE 45 cm

BREITE 45 cm

STANDORT Sonne

BODEN fruchtbar, gut durchlässig

WINTER bedingt frosthart

BLÜTE Hochsommer bis Herbst

Delphinium nudicaule Rittersporn

DA DIESE STAUDE KURZLEBIGE IST, zieht man diese Pflanze besser als Einjährige. Die trichterförmigen Blüten in leuchtendem Rot, Orangerot oder Gelb haben einen roten bis gelben Schlund und erscheinen an kräftigen, aufrechten Stängeln. Die neue Sorte *D. nudicaule* 'Laurin' – eine gerade mal 38 cm hohe Miniaturausgabe – ist es wegen ihrer vielfach verzweigten Stängel und lang andauernden, orangeroten Blüte wert, kultiviert zu werden. Sie blüht innerhalb von fünf Monaten nach der Aussaat und kann in Töpfen oder am Rand einer Rabatte verwendet werden. Sie wird im zeitigen Frühjahr unter Glas ausgesät. Vor Schnecken schützen!

WEITERE SORTE: *D. cardinale* (kleine spitzhutförmige, kräftig gesporнte, einfache scharlachrote Blüten).

PFLANZENPROFIL
HÖHE 60 cm
BREITE 20 cm
STANDORT Sonne
BODEN fruchtbar, gut durchlässig
WINTER völlig winterhart
BLÜTE Hochsommer

D

Delphinium requienii Rittersporn

EIN FASZINIEREND ANDERSARTIGER RITTERSPORN mit glänzenden Blättern und Blüten im Frühsommer, die nicht ganz so spektakulär sind wie bei anderen Sorten und am besten in ruhigen, pastellfarbenen Pflanzungen aussehen. Er stammt aus dem südlichen Frankreich und Sardinien und gedeiht in langen, heißen, trockenen Sommern. Zieht man ihn als Einjährige, sät man die Samen entweder im Winter oder Frühjahr in das Frühbeet aus, oder man sät zu Beginn des Sommers, damit man im folgenden Jahr Blüten hat. Die Pflanze benötigt fruchtbaren, gut durchlässigen Boden. Vor Schnecken schützen, sie sind eine starke Bedrohung.

WEITERE SORTE: *D. grandiflorum* (winzige trichterförmige, einfache, blaue, violette und weiße Blüten).

PFLANZENPROFIL

HÖHE 100 cm

BREITE 45 cm

STANDORT Sonne

BODEN fruchtbar, gut durchlässig

WINTER völlig winterhart

BLÜTE Frühsommer

Dianthus barbatus Monarch-Serie Bartnelke

D

DIE BARTNELKE HAT DICHTE, KLEINE, duftende Blüten und kann als kurzlebige Staude oder, und das ist typischer, als Zweijährige gezogen werden. Traditionell wird sie in Bauerngärten kultiviert, zusammen mit Gruppen von Tulpen bildet sie eine wirkungsvolle Kombination, aber auch in formalen Pflanzungen sieht sie gut aus. Die beste Zeit für die Aussaat ist die Frühjahrsmitte, man sät in ein Frühbeet, sodass man sie im Herbst auspflanzen kann und sie im folgenden Jahr blühen. Wenn sie sich einmal ausgebreitet haben, säen sie sich selbst aus.

WEITERE SORTEN: 'Indian Carpet' (Blüten karmesinrot, purpur oder pink, viele zweifarbig); 'Wee Willie' (Blüten karmesinrot, rosarot oder weiß).

PFLANZENPROFIL

HÖHE 60 cm

BREITE 30 cm

STANDORT Sonne

BODEN neutral bis basisch, gut durchlässig

WINTER völlig winterhart

BLÜTE Spätfrühling bis Frühsommer

NEUE PFLANZEN

Sammeln Sie Samen im Garten statt sie zu kaufen. Sämlinge entwickeln sich meist schon innerhalb der ersten zehn Tage.

D

Dianthus barbatus Nigrescens-Gruppe Bartnelke

DIESE SORTE DER NIGRESCENS-GRUPPE ist genauso gut wie die Monarch-Serie, und für sie gelten dieselben Hinweise, außer dass diese tiefrote Blüten und dunkle Stängel hat. Man setzt sie in alle Lücken am Rand einer Rabatte oder in eine helle, auffällige Pflanzung zwischen Gruppen von weißen Tulpen. Die beste Zeit für die Aussaat ist zur Frühjahrsmitte; säen Sie in ein Frühbeet aus. Ausgepflanzt wird im Herbst in durchschnittliche, gut durchlässige Erde. Die Pflanzen blühen dann im folgenden Jahr. In den nachfolgenden Jahren säen sie sich selbst aus.

WEITERE SORTE: Roundabout-Serie (buschig, in einer Palette einfacher Farben und zweifarbig).

PFLANZENPROFIL

HÖHE 60 cm

BREITE 25 cm

STANDORT Sonne

BODEN neutral bis basisch, gut durchlässig

WINTER völlig winterhart

BLÜTE Später Frühling und Frühsommer

Dianthus caryophyllus Knight-Serie Gartennelke

D

DIE BESTEN DREI NACH NELKEN DUFTENDEN SORTEN von *D. caryophyllus* sind die Knight-Serie, die Chabaud-Giand- und die Floristan-Serie. Die Knight-Serie bietet eine Palette heller Farben und gefüllter Blüten an kleinen, buschigen, reich verzweigten Pflanzen. Chabaud ist höher – bis zu 45 cm – und hat große gefüllte Blüten in vielen Farben. Die bis zu 60 cm hohe Floristan-Serie wurde speziell für den Schnittblumen-Markt gezüchtet. Die letzten beiden sät man zur Frühjahrsmitte aus, damit sie im folgenden Jahr blühen. Die Samen der Knight-Serie sät man im Spätwinter oder zeitigen Frühjahr unter Glas und pflanzt sie in gut durchlässigen Boden.

WEITERE SORTE: Lillipot-Serie (gefüllte Blüten in Lavendel-Rosa, Purpur, Gelb, Scharlachrot und Orange, einige sind zweifarbig).

PFLANZENPROFIL
HÖHE 30 cm
BREITE 23 cm
STANDORT Sonne
BODEN neutral bis basisch, gut durchlässig
WINTER völlig winterhart
BLÜTE Sommer

D

Dianthus chinensis Ideal-Serie Chinesische Nelke

DIE BLÜTEN DIESER KURZLEBIGEN STAUDE gibt es in vielen Farben, z. B. in hellem Karmesinrot, einige sind mit einer zweiten Farbe gezeichnet. Entfernen Sie ständig welke Blüten, damit sich mehr Blütenknospen bilden. Mit ein paar Ausnahmen bevorzugen die meisten völlig winterharten Nelken einen leichten, neutralen bis basischen Boden, der gut durchlässig ist – mischen Sie ausreichend groben Sand unter, wenn er mehr Drainage braucht. Wenn Ihr Gartenboden fest, schwer und klumpig ist, sollten Sie die Pflanzen in einem speziell vorbereiteten Beet oder großen Gefäß ziehen. Im Spätwinter oder zeitigen Frühjahr unter Glas aussäen.

WEITERE SORTE: 'Fire Carpet' (scharlachrote Blüten); 'Parfait' (leicht gefranste Blüten, manche sind zweifarbig).

PFLANZENPROFIL
HÖHE 35 cm
BREITE 23 cm
STANDORT Sonne
BODEN neutral bis basisch
WINTER völlig winterhart
BLÜTE Sommer

Digitalis grandiflora Großblütiger Fingerhut

D

DIESER FINGERHUT HAT BLASSGELBE BLÜTEN und ist eine kurzlebige Staude, die im lichten Schatten von Rabatten im Bauerngarten-Stil oder an Waldrändern gedeiht. Die röhrenförmigen Blüten haben auffällige braune Adern und sind in Gruppen über den Blättern angeordnet. Wenn sie sich einmal ausgebreitet haben, säen sie sich selbst aus, und die daraus entstandenen Keimlinge können im Frühjahr leicht ausgegraben und dorthin versetzt werden, wo Sie sie haben möchten. Säen Sie im Spätsommer und Herbst aus, damit sie im folgenden Jahr blühen. Gedeiht in fast jedem Boden außer in sehr nassem oder trockenem; die meisten Fingerhüte ziehen einen gut gemulchten Boden vor.

WEITERE SORTE: *D. lanata* (cremefarbene oder rehbraune Blüten).

PFLANZENPROFIL
HÖHE 1 m
BREITE 45 cm
STANDORT Halbschatten
BODEN durchschnittlich
WINTER völlig winterhart
BLÜTE Früh- bis Hochsommer

D

Digitalis purpurea f. *albiflora* Roter Fingerhut

EINE TURMFÖRMIGE SPIRALE weißer, röhrenförmiger Blüten ist rund um den kräftigen Stängel angeordnet – bis auf die unteren Abschnitte, wo die langen grünen Blätter waagerecht herausragen –, sie ist typisch für diese eindrucksvolle Pflanze in Bauerngärten oder an waldigen Stellen. Will man mehr Farbe, sollte man die Excelsior-Hybriden wählen, die es in Purpur, Rosa, Gelb und Weiß gibt, und damit spektakuläre Pflanzungen schaffen. Wenn sie sich eingewöhnt hat (eigentlich ist sie eine kurzlebige Staude), sät sie sich überall im Garten selbst aus. Säen Sie die Samen an Ort und Stelle im Spätsommer und Herbst aus, damit sie im folgenden Jahr blühen.

WEITERE SORTE: 'Gloxinioides' (Blüten mit ausgefransten Rändern in Lachsrosa, Cremegelb, Purpur oder Rosa).

PFLANZENPROFIL

HÖHE 2 m

BREITE 60 cm

STANDORT Halbschatten

BODEN durchschnittlich

WINTER völlig winterhart

BLÜTE Frühsommer

Digitalis purpurea Foxy-Hybriden Roter Fingerhut

D

DIE PASTELLFARBENEN AMERIKANISCHEN FINGERHUT-ARTEN haben den Vorteil, dass sie niedriger sind als unsere traditionellen, sich selbst aussäenden Sorten und besonders gut wirken, wenn man sie als Gruppe in der Mitte einer Rabatte pflanzt. Die groß gefleckten Blüten an den aufrechten Stängeln sind ein wesentliches Element in jedem Bauerngarten oder unter Bäumen. Der kurzlebige Rote Fingerhut und seine Sorten blühen in ihrem ersten Sommer am besten und sollten als Zweijährige gezogen werden. Die Foxy-Hybriden sät man im Spätwinter unter Glas aus, sodass sie im folgenden Sommer blühen. Feuchten Schatten vertragen sie gut, ebenso fast jeden Boden, nur Extreme sollte man meiden.

WEITERE SORTE: 'Sutton's Apricot' (apricot-rosafarbene Blüten).

PFLANZENPROFIL
HÖHE 90 cm
BREITE 60 cm
STANDORT Halbschatten
BODEN durchschnittlich
WINTER völlig winterhart
BLÜTE Frühsommer

D

Dimorphotheca pluvialis Kapkörbchen

IM PRINZIP SIEHT DAS KAPKÖRBCHEN aus wie jeder Korbblütler: Es hat große, gänseblümchenähnliche Blüten mit weißen Zungenblüten um eine violett-braune Mitte aus Röhrenblüten sowie dunkelgrüne Blätter. Und wenn alle anderen in einer langen Trockenperiode schlapp machen, ist das Kapkörbchen immer noch eine Zierde! Ziehen Sie es im Steingarten, in Lücken im Terrassenpflaster oder am Rand einer Rabatte. Säen Sie im zeitigen Frühjahr unter Glas aus oder ein paar Wochen später an Ort und Stelle. In ihrer Heimat Südafrika wachsen Kapkörbchen auf heißen, trockenen, hellen, durchlässigen Böden, und genau das brauchen sie auch im Garten.

WEITERE SORTEN: 'Glistening White' (weiße Blüten mit violettem Farbstich); 'Tetra Polar Star' (weiße Blüten mit tief violett-blauer Mitte).

PFLANZENPROFIL

HÖHE 40 cm

BREITE 30 cm

STANDORT Sonne

BODEN gut durchlässig

WINTER bedingt frosthart

BLÜTE Sommer

Dipsacus fullonum Wilde Karde

D

DIE AUFRECHTEN STÄNGEL DER WILDEN KARDE sind durch ihre spitzen Stacheln und die ebenfalls mit langen Stacheln versehenen Blätter, die in Paaren am ganzen Stiel sitzen, gut geschützt. In den Ausbuchtungen, wo das Blatt in den Stiel mündet, sammelt sich Regenwasser. Die Wilde Karde ist eine wertvolle Wildpflanze: Die zapfenförmigen Köpfchen bestehen aus winzigen Blüten, die Bienen anlocken, und die Samenstände sind eine Nahrungsquelle für Vögel. Lassen Sie Stängel und Blüten über Winter stehen, um dem Garten Struktur zu verleihen, oder verwenden Sie sie in Trockenblumen-Arrangements. Im Herbst dort aussäen, wo die Pflanzen im nächsten Jahr blühen sollen. Sie wachsen in fast jedem Boden, auch in Lehm. Die Wilde Karde sät sich sehr reichlich selbst aus.

PFLANZENPROFIL
HÖHE 2 m
BREITE 80 cm
STANDORT Sonne oder Halbschatten
BODEN durchschnittlich
WINTER völlig winterhart
BLÜTE Hoch- bis Spätsommer

D

Dorotheanthus bellidiformis Mittagsblume

DIE GÄNSEBLÜMCHENÄHNLICHEN BLÜTEN schließen sich bei bewölktem Himmel. Sie sind etwa 4 cm groß und ideale Lückenfüller für die Front einer Rabatte. Die Blüten haben ein dunkles Auge und manchmal einen Ring in einer Kontrastfarbe an der Basis der Zungenblüten. In den Samentütchen ist meist eine bunte Mischung verschiedener Farben enthalten, sodass ein lebhafter Anblick garantiert ist. Man sät im Spätwinter oder zeitigen Frühjahr unter Glas aus und pflanzt die Setzlinge in mageren, leichten, durchlässigen Boden.

WEITERE SORTEN: 'Lunette' (blassgelbe Blüten mit roter Mitte); 'Magic Carpet' (Blüten in Rosa, Purpur, Creme, Orange oder Weiß).

PFLANZENPROFIL

HÖHE 15 cm

BREITE 30 cm

STANDORT Sonne

BODEN mager, gut durchlässig

WINTER bedingt frosthart

BLÜTE Sommer

Downingia elegans Scheinlobelie

D

IN IHRER HEIMAT NORDAMERIKA wächst die kriechende oder Matten bildende Scheinlobelie in feuchten Gräben oder Feuchtgebieten, und ähnliche Bedingungen braucht sie auch im Garten. Die Ränder eines Sumpfgartens sind eine mögliche Heimat für sie, und auch wenn es schwierig sein kann, den Boden feucht zu halten, so wächst sie doch in Hängekörben oder Gefäßen gut. Passen Sie auf, wenn Sie Begleitpflanzen auswählen, damit sie die hübsche Pflanze mit ihren lobelienähnlichen, purpurrosa Blüten mit weißer Mitte nicht überwuchern. Es wird im Spätwinter im Kasten auf einer warmen Fensterbank oder im beheizten Gewächshaus oder aber im Frühling an Ort und Stelle ausgesät.

PFLANZENPROFIL
HÖHE 15 cm
BREITE 15 cm
STANDORT Sonne oder Halbschatten
BODEN feucht, aber gut durchlässig
WINTER völlig winterhart
BLÜTE Sommer

D

Dracocephalum moldavica Türkischer Drachenkopf

Der Drachenkopf ist eine ungewöhnliche Pflanze mit zweilippigen Röhrenblüten, die im Sommer Bienen anlocken. Zerreiben Sie die graugrünen Blätter zwischen Ihren Fingern, und Sie werden einen starken Zitronenduft wahrnehmen. Der aufrechte und buschige Türkische Drachenkopf ist ein guter Lückenfüller in Kiesgärten oder Rabatten mit guter Drainage, aber mittags braucht er etwas Schatten. Säen Sie die Samen zur Frühjahrsmitte an Ort und Stelle in durchschnittliche Gartenerde aus.

PFLANZENPROFIL
HÖHE 60 cm
BREITE 30 cm
STANDORT Sonne
BODEN durchschnittlich, gut durchlässig
WINTER völlig winterhart
BLÜTE Sommer

Eccremocarpus scaber Anglia-Hybriden Schönranke

E

IM ERSTEN JAHR KANN EIN KALTER WINTER diese frostharte immergrüne Pflanze absterben lassen, doch mildere Winter übersteht sie im Freien. Am besten kultiviert man sie in Mittel- und Nordwesteuropa als einjährige Kletterpflanze, sodass eine große Zahl blattreicher, wuchernder Triebe entsteht sowie viele Ranken, die sich an allem festhalten, was ihnen in den Weg kommt. Die Blütenbüschel sehen aus wie kleine wächserne Flaschen (gefolgt von aufgeblasenen Samenkapseln), und die hellen Farben steuern reichlich Leben bei. Ein Weg, das Höhenwachstum zu beschränken, ist, die Pflanze unter Glas im Frühjahr statt im späten Winter auszusäen, sodass sie weniger Zeit zum Wachsen hat. Eine Hecke oder Pergola dient als Kletterhilfe.

WEITERE SORTE: *E. scaber* f. *roseus* (hellrosa bis hellote Blüten).

PFLANZENPROFIL
HÖHE 3 m
BREITE unbestimmt
STANDORT Sonne
BODEN fruchtbar, gut durchlässig
WINTER frosthart
BLÜTE Sommer bis Herbst

E

Echium vulgare Natternkopf

DER NATTERNKOPF IST EINE FARBENPRÄCHTIGE PFLANZE des Frühsommers, die zahlreiche blaue (manchmal rosa oder weiße) Blüten an ihrem aufrechten Stängel trägt. Sie ist ein lebendiger Beitrag für Wildblumengärten, wo sich Bienen und Schmetterlinge an ihren Blüten einfinden. Der Natternkopf ist eine mittelgroße Pflanze – wenn Sie eine niedrigere suchen, sollten Sie die zwergförmigen, 45 cm hohen Hybriden mit rosa- oder purpurfarbenen, lila-blauen oder weißen Blüten wählen. Säen Sie im Sommer unter Glas aus, und pflanzen Sie die Setzlinge im folgenden Frühling ins Freiland in durchschnittliche, gut durchlässige Erde.

WEITERE SORTE: 'Blue Bedder' (niedriger; hellblaue Blüten, im Alter bläulich pink).

PFLANZENPROFIL

HÖHE 90 cm

BREITE 30 cm

STANDORT Sonne

BODEN durchschnittlich, gut durchlässig

WINTER völlig winterhart

BLÜTE Frühsommer

Echium wildpretii Natternkopf

E

BIENEN UND SCHMETTERLINGE LIEBEN alle Natternkopf-Arten und werden deren Blüten in Ihrem Garten bald aufsuchen. Dieser Natternkopf ist eine kurzlebige Staude und stammt von den Kanarischen Inseln, wo sie an steinigen Berghängen wächst und außergewöhnliche Säulen mit winzigen, trichterförmigen Blüten bildet. Man sät sie im Spätsommer in Töpfe auf einer warmen Fensterbank oder im Gewächshaus aus und pflanzt die Setzlinge im folgenden Frühjahr ins Freiland, in durchschnittliche, gut durchlässige Erde in einen Bauerngarten oder in eine gemischte Rabatte.

WEITERE SORTE: *E. candicans* (weiße, blau-weiße oder tief purpurblaue Blüten).

PFLANZENPROFIL
HÖHE 2 m
BREITE 60 cm
STANDORT Sonne
BODEN durchschnittlich, gut durchlässig
WINTER bedingt frosthart
BLÜTE Spätfrühling bis Sommer

E

Emilia coccinea Quastenblume

DIE SICH SELBST AUSSÄENDE EINJÄHRIGE *E. coccinea* produziert Stängel mit kleinen, farbenprächtigen, quastenförmigen Blüten, die aus einer Blattrosette entspringen. Im Garten ist sie ein wenig zu zierlich und Unkraut-ähnlich, um viel Eindruck zu machen, aber in einer Gruppe als Schnitt- und Trockenblume enttäuscht sie nie. Jede Pflanze blüht sehr lange, besonders wenn man welke Blüten regelmäßig entfernt. *E. sonchifolia* blüht längst nicht so gut, hat aber ähnlich farbenprächtige Blüten. Säen Sie zur Frühjahrsmitte in Töpfe auf einer warmen Fensterbank oder im Gewächshaus aus, und pflanzen Sie die Setzlinge im Freiland in durchschnittliche, gut durchlässige Erde.

WEITERE SORTE: *E. sonchifolia* (flaumige, purpurrote Blüten).

PFLANZENPROFIL	
HÖHE	60 cm
BREITE	60 cm
STANDORT	Sonne
BODEN	durchschnittlich, gut durchlässig
WINTER	bedingt frosthart
BLÜTE	Sommer

Erigeron karvinskianus 'Profusion' Berufkraut

E

DIE MUTTERPFLANZE VON 'PROFUSION', *E. karvinskianus*, ist ein kleines, vielfarbiges Gänseblümchen und hat weiße Blütenblätter mit einem gelben Auge. Die weißen Blüten verfärben sich nach Rosa und Purpurrot, sodass es zu jedem Zeitpunkt Blüten in drei verschiedenen Farben gibt. 'Profusion' hat rosa oder weiße Blüten. Beide Pflanzen breiten sich auf natürlichem Weg aus und wachsen ganz typisch in Lücken im Pflaster und in Mauern, die sie schnell besiedeln. Wenn sie sich einmal ausgebreitet haben, blühen sie jedes Jahr. Säen Sie zur Frühjahrsmitte oder im Spätfrühling ins Frühbeet aus, und setzen Sie die Pflanzen an einen Platz, der mittags etwas beschattet ist.

WEITERE SORTEN: *E. aureus* (tief goldgelbe Blüten); *E. chrysopsidis* 'Grand Ridge' (zahlreiche tiefgelbe Blüten).

PFLANZENPROFIL
HÖHE 30 cm
BREITE 50 cm
STANDORT Sonne
BODEN gut durchlässig
WINTER völlig winterhart
BLÜTE Sommer

E

Erysimum cheir (syn. Cheiranthus cheiri) Bedder-Serie Goldlack

DER KURZLEBIGE GOLDLACK ist eine der besten Pflanzen für das Frühjahr, er blüht in warmen Farben und duftet überraschend süß. Die Bedder-Serie ist kompakt und kann in dichten Gruppen gepflanzt werden oder in einer klassischen Kombination zwischen Gruppen von Tulpen – schneiden Sie die Pflanzen nach der Blüte zurück. Noch besser wachsen sie auf Mauern, da sie auf stark durchlässigem Boden besonders gut gedeihen. Man sät vom späten Frühjahr bis Frühsommer im Haus in magere (nicht saure) Erde aus und pflanzt die Setzlinge in der Mitte des Herbstes an den für sie vorgesehenen Platz aus, damit sie im folgenden Jahr blühen.

WEITERE SORTEN: 'Blood Red' (tiefrote Blüten); 'Fire King' (orangerote Blüten); 'Ivory White' (cremeweiße Blüten).

PFLANZENPROFIL

HÖHE 30 cm

BREITE 30 cm

STANDORT Sonne

BODEN neutral oder alkalisch, gut durchlässig

WINTER völlig winterhart

BLÜTE Frühjahr

Eschscholzia caespitosa Goldmohn

E

AUS EINEM WENIG BEEINDRUCKENDEN SCHOPF fein gefiederter Blätter entspringen kurze Blütenstiele mit leuchtend gelben, tassenfömigen, leicht duftenden Blüten. Um sicher zu sein, dass der Goldmohn auch gut zur Geltung kommt, sollte man ihn in einen Kies- oder Steingarten pflanzen oder in Lücken im Pflaster. Doch egal, wo er wächst: Stellen Sie sicher, dass er genug volle Sonne bekommt. Im Frühjahr oder Herbst wird an Ort und Stelle in mageren, gut durchlässigen Boden ausgesät.

PFLANZENPROFIL
HÖHE 15 cm
BREITE 15 cm
STANDORT Sonne
BODEN mager, gut durchlässig
WINTER völlig winterhart
BLÜTE Sommer

WEITERE SORTE: 'Sundew' (zitronengelbe Blüten).

VOGELSCHUTZ

Vögel lieben die Samen des Schlafmützchens – ein Schutzdraht schafft Abhilfe.

E

Eschscholzia californica Schlafmützchen

WENN SIE UNSICHER SIND, wie man Einjährige kultiviert – mit dem Schlafmützchen könnte es einfacher nicht gehen. Streuen Sie die Samen im Frühling an Ort und Stelle auf den Boden, und mit etwas Sonne und Regen erscheinen schlanke Stiele, gekrönt von zarten, hauchdünnen Blütenblätter, die umrahmt sind von fein gefiedertem Laub. Ziehen Sie sie in Gruppen, in denen sie am besten wirken, oder in Reihen in einer Rabatte oder unter Apfelbäumen – letztlich auf jedem Stück magerem Boden. Alles, was sie brauchen, ist nährstoffarme Erde und eine gute Drainage.

WEITERE SORTE: 'Ballerina' (flötenförmige, halb gefüllte oder gefüllte Blüten in Rot, Rosa, Gelb oder Orange).

PFLANZENPROFIL

HÖHE 30 cm

BREITE 15 cm

STANDORT Sonne

BODEN mager, gut durchlässig

WINTER völlig winterhart

BLÜTE Sommer

Euphorbia lathyris Kreuzblättrige Wolfsmilch

E

WENN MAN IHNEN ERZÄHLT HAT, dass diese Pflanze Maulwürfe abwehrt – es ist leider nicht wahr. Aber es gibt einen anderen guten Grund, sie in Lücken im Pflaster oder in Kiesgärten (oder überall, wo es leichten, stark durchlässigen Boden gibt) zu pflanzen: wegen ihrer witzigen Form. Die aufrechten Stängel haben ledrige, wächserne, graue bis blaugrüne Blätter, die etwa 15 cm lang werden. Auf die kleinen Blüten im Sommer folgen grüne, kapernähnliche Früchte – der Reihe nach kommen zwei Treibe neben der Frucht, die dann blühen und fruchten. Säen Sie die Samen im Frühjahr unter Glas aus, damit sie im folgenden Jahr blüht.

WEITERE SORTE: *E. cyathophora* (scharlachrote und grüne Hochblätter).

PFLANZENPROFIL

HÖHE 1,2 m

BREITE 30 cm

STANDORT Sonne

BODEN leicht, gut durchlässig

WINTER völlig winterhart

BLÜTE Sommer

E

Euphorbia marginata Schnee-auf-dem-Berge

SCHNEE-AUF-DEM-BERGE KOMMT AUS MEXIKO und den nordamerikanischen Rocky Moutains und wurde wegen ihrer grün und weiß panaschierten Blätter bei uns sehr populär (besonders bei Floristen als Schnittblume). Am Grund der Pflanze sind die Blätter größer als oben, wo sie nach und nach kleiner werden. Schnee-auf-dem-Berge passt gut zu der tomatenroten *Crocosmia* 'Lucifer' (Montbretie) und zu der blauen *Agapanthus* (Schmucklilie). Säen Sie im Frühjahr an Ort und Stelle in leichten, gut durchlässigen Boden aus.

WEITERE SORTE: *E. portlandica* (grau getönte, leuchtend grüne Blätter).

PFLANZENPROFIL
HÖHE 90 cm
BREITE 30 cm
STANDORT Sonne
BODEN leicht, gut durchlässig
WINTER völlig winterhart
BLÜTE Spätsommer bis Herbst

Eustoma grandiflorum Yodel-Serie Prärieenzian

E

DER NORDAMERIKANISCHE PRÄRIEENZIAN wurde in Europa zunächst als Zimmerpflanze verkauft, aber jetzt wird er als einjährige Sommerblume verwendet. Außerdem ist er eine exzellente Schnittblume. Die Sorten der Yodel-Serie sind kompakt mit breiten, glockenförmigen, seidigen Blüten in Weiß, Lachsrosa oder Purpurblau mit dunkler Mitte. Will man kleine Pflanzen, wählt man die 15 cm hohe Mermaid-Serie mit blauen Blüten und rosafarbener, weißer oder schwarzer Mitte. Die Samen werden im Herbst oder Spätwinter unter Glas ausgesät und die Setzlinge im Freiland in gut durchlässigen, neutralen bis basischen Boden gepflanzt.

WEITERE SORTE: Heidi-Serie (Blüten in Blautönen, Rosarot, Weiß, auch zweifarbige).

PFLANZENPROFIL
HÖHE 45 cm
BREITE 23 cm
STANDORT Sonne
BODEN neutral bis basisch, gut durchlässig
WINTER Minimum 5–7 °C
BLÜTE Sommer

E

Exacum affine Blaues Lieschen

WEGEN IHRER REICHEN, DUFTENDEN BLÜTEN mit gelber Mitte wird diese Pflanze meist im Wintergarten oder als Zimmerpflanze gezogen; sie wächst aber auch im Sommer im Freiland. Sie ist buschig und kompakt, hat glänzende Blätter, die Blüten verleihen dem Garten eine liebliche Note, aber um den Duft voll zu genießen, pflanzt man sie besser in Container – so kann man sie leicht verstellen und in der Sonne halten. Sie werden im zeitigen Frühjahr unter Glas ausgesät und die Setzlinge in durchschnittliche, gut durchlässige Erde gepflanzt.

WEITERE SORTEN: 'Blue Gem' (niedriger; lavendelblaue Blüten); 'Blue Midget' (niedriger; lavendelblaue Blüten); 'White Midget' (rein weiße Blüten).

PFLANZENPROFIL

HÖHE 30 cm

BREITE 30 cm

STANDORT Sonne

BODEN durchschnittlich, gut durchlässig

WINTER mindestens 7–10 °C

BLÜTE Sommer

Felicia amelloides Kapaster

F

DIESES BLUME AUS SÜDAFRIKA ist ein wundervoll sommerlicher Anblick in einem Stein- oder Kiesgarten, am Rand einer Rabatte, rund um einen Teich oder in Gefäßen. Jede Pflanze produziert reichlich Blüten mit gelber Mitte. Populär ist die sattblaue 'Santa Anita', während 'Santa Anita Variegated' durch ihre weiß gezeichneten Blätter besticht. Säen Sie im Frühjahr unter Glas aus, und setzen Sie die Pflanzen in mageren bis durchschnittlichen, gut durchlässigen Boden an einem vollsonnigen Platz. Man kann die Pflanzen im Herbst ausgraben und in Töpfen im Wintergarten überwintern, sodass sie im folgenden Sommer wieder blühen.

WEITERE SORTEN: *F. bergeriana* (leuchtend klarblaue Blüten mit gelber Mitte); *F. heterophylla* (blaue Blüten).

PFLANZENPROFIL
HÖHE 60 cm
BREITE 60 cm
STANDORT Sonne
BODEN mager bis durchschnittlich
WINTER Minimum 3 °C
BLÜTE Sommer bis Herbst

F

Fuchsia 'Florabelle' Fuchsie

DIE WEICHEN, VERZWEIGTEN BLÜTENTRIEBE von 'Florabelle' hängen wundervoll über einem Hängekorb oder über die Ränder eines hohen Pflanzgefäßes im viktorianischen Stil, sie wirken aber auch in Beeten gut. Diese sehr reich blühende Fuchsie mit ihren dunklen Farbtönen ist genau richtig für diejenigen, denen Fuchsien in leuchtendem zuckersüßem Rosa nicht gefallen. Die bedingt frostharte Pflanze kann im Herbst ausgegraben, im Wintergarten überwintert und im Frühsommer wieder ausgepflanzt werden. Die Samen kommen im Frühjahr unter Glas in die Erde, dann blühen sie vier Monate später; in fruchtbare, feuchte, aber gut durchlässige Erde pflanzen.

WEITERE SORTE: 'Cascade' (weiße, karmesinrote und tief karmesinrote Blüten).

PFLANZENPROFIL
HÖHE 60 cm
BREITE 45 cm
STANDORT Sonne oder Halbschatten
BODEN feucht, aber gut durchlässig
WINTER bedingt frosthart
BLÜTE Sommer

Fuchsia procumbens Fuchsie

F

DIESE AUS NEUSEELAND STAMMENDE PFLANZE unterscheidet sich sehr stark von den typischen Fuchsien mit ihren kirschroten Blüten. Ihre Blüten sind farbenprächtig und von ungewöhnlicher Form: Die kurzen Röhren sind grün-gelb bis blassorange mit einem Hauch von Rot an der Basis, die nach hinten gebogenen Kelchblätter sind purpurfarben, und die Staubgefäße tragen leuchtend blaue Pollen. Die kleinen, nach oben gerichteten Blüten erscheinen im Sommer vor einen Hintergrund aus waagrechten Stängeln und runden, herzförmigen Blättern. Den besten Anblick bieten die pflaumenförmigen, leuchtend roten Früchte. In milden Gegenden gedeiht diese Fuchsie auch gut in einem Stein- oder Kiesgarten.

WEITERE SORTE: 'Red Spider' (karmesin- und rosenrote Blüten).

PFLANZENPROFIL
HÖHE 15 cm
BREITE 1,2 m
STANDORT Sonne oder Halbschatten
BODEN feucht, aber gut durchlässig
WINTER frosthart (Grenzfall)
BLÜTE Sommer bis Herbst

G

Gaillardia x *grandiflora* 'Kobold' Großblütige Kokardenblume

DIE KOMPAKTE, LEUCHTENDE, KURZLEBIGE STAUDE wird gewöhnlich als Einjährige gezogen. Die Blüten von 'Kobold' haben rote Blütenblätter mit gelben Spitzen und dunkelroter Mitte. Sie bietet sich da an, wo Lücken in Rabatten zu füllen sind und wo die Farbkombination eine Unterstützung braucht. Die Blüten sind etwa 10 cm breit und eignen sich gut als Schnittblumen. Sie wird im zeitigen Frühjahr unter Glas ausgesät, und die Setzlinge werden in leichte, gut durchlässige Erde ausgepflanzt.

WEITERE SORTEN: 'Burgunder' (tief weinrote Blüten); 'Dazzler' (orangerote Blüten mit gelben Spitzen und maronenbrauner Mitte).

PFLANZENPROFIL

HÖHE 30 cm

BREITE 30 cm

STANDORT Sonne

BODEN leicht, gut durchlässig

WINTER völlig winterhart

BLÜTE Frühsommer bis Frühherbst

Gaillardia pulchella 'Lollipops' Kurzlebige Kokardenblume

G

DER IN NORDAMERIKA ÜBLICHE NAME dieser Pflanze lautet übersetzt »Feuerrad«, und das ist eine gute Beschreibung der Farbkombination: rot und gelb um ein dunkles Zentrum. Pflanzen Sie diese Kokardenblumen in Gruppen, damit sie den ganzen Sommer viele Blüten haben. 'Lollipops' ist buschig, aufrecht und verzweigt, und die Blüten erscheinen über graugrünen Blättern. Säen Sie im zeitigen Frühjahr in Töpfe auf einer warmen Fensterbank oder im Gewächshaus aus, und pflanzen Sie die Setzlinge im Freiland in leichten, gut durchlässigen Boden.

WEITERE SORTEN: 'Portola Giants' (etwas größer, bronze-scharlachrote Blüten mit goldenen Spitzen).

PFLANZENPROFIL
HÖHE 30 cm
BREITE 30 cm
STANDORT Sonne
BODEN leicht, gut durchlässig
WINTER völlig winterhart
BLÜTE Frühjahr bis Herbst

G

Gazania Chansonette-Serie Gazanie

DIE FARBENPRÄCHTIGEN, KRAFTVOLLEN BLÜTEN dieses südafrikanischen Gänseblümchens erscheinen an der Spitze der aufrechten, schlanken Stängel. Die langen, glänzenden Blätter sind oben dunkelgrün und unten weiß und seidig behaart. Weil sie eine sehr gute Drainage brauchen, sind sie ideal für Stein- und Kiesgärten sowie Gärten im mediterranen Stil und für Gefäße. Sie werden im Spätwinter oder zeitigen Frühjahr unter Glas ausgesät und die Pflanzen in leichten, sandigen Boden gepflanzt.

WEITERE SORTEN: Daybreak-Serie (Blüten in Bronze, Orange, Gelb, leuchtendem Rosa oder Weiß, meist zoniert mit einer Kontrastfarbe); Talent-Serie (etwas größer, kräftiger).

PFLANZENPROFIL

HÖHE 20 cm

BREITE 25 cm

STANDORT Sonne

BODEN leicht, sandig, gut durchlässig

WINTER bedingt frosthart

BLÜTE Sommer

Gilia capitata Sperrkraut

G

DIE MEISTEN *GILIA*-ARTEN stammen aus den Wüstengebieten der Südstaaten der USA. Gibt man ihnen einen geeigneten sonnigen Platz und leichten, gut durchlässigen Boden, bieten sie mit ihren kleinen, duftigen, wie Nadelkissen aussehenden Blütenköpfchen in vielen Farben inklusive Violett, Rosa oder Rot einen hübschen Anblick. Die Blüten werden von leuchtend grünen, gefiederten Blättern umrahmt. Diese zart wirkenden Pflanzen verdienen es, in Bauerngärten populärer zu sein. Säen Sie die Samen im Herbst oder zur Frühjahrsmitte an Ort und Stelle oder im zeitigen Frühjahr in Töpfen auf einer warmen Fensterbank oder im Gewächshaus aus.

WEITERE SORTE: *G. achilleifolia* (mittelblaue bis violettblaue Blüten).

PFLANZENPROFIL
HÖHE 60 cm
BREITE 23 cm
STANDORT Sonne
BODEN leicht, gut durchlässig
WINTER völlig winterhart
BLÜTE Sommer

G

Gilia tricolor Sperrkraut

DIE KLEINEN BLÜTEN VON *G. TRICOLOR* sind schalenförmig und haben eine schokoladenbraune Mitte und einen hellblauen Rand. Die Pflanzen produzieren viele fein geteilte, hellgrüne Blätter und sehen am besten aus, wenn man sie in kleinen Gruppen in Lücken im Terrassenpflaster oder an trockene, sonnige Stellen pflanzt. Sie werden im Herbst oder zur Frühjahrsmitte an Ort und Stelle ausgesät oder aber im zeitigen Frühjahr in Töpfen auf einer Fensterbank oder im Gewächshaus. Im Freiland benötigen sie leichten, gut durchlässigen Boden.

PFLANZENPROFIL
HÖHE 45 cm
BREITE 23 cm
STANDORT Sonne
BODEN leicht, gut durchlässig
WINTER völlig winterhart
BLÜTE später Frühling bis Spätsommer

Glaucium corniculatum Roter Hornmohn

G

WENN SIE NACH EINER BESONDERS FARBENFROHEN PFLANZE für einen Kiesgarten oder die Lücken im Pflaster (wo der Boden exzellent drainiert ist) suchen, ist der Rote Hornmohn mit seinen lockeren Büscheln aus kleinen, schalenförmigen Blüten besonders wirkungsvoll. Lassen Sie ein paar Blüten stehen, damit sich Samenkapseln entwickeln, sodass Sie im nächsten Jahr mehr Pflanzen haben, und entfernen Sie die übrigen Blüten, sobald sie welken, damit sich den ganzen Sommer durch neue Blüten bilden.
Die Samen säen Sie im Herbst an Ort und Stelle in mageren bis durchschnittlichen, gut durchlässigen Boden.

PFLANZENPROFIL

HÖHE 40 cm

BREITE 40 cm

STANDORT Sonne

BODEN gut durchlässig

WINTER völlig winterhart

BLÜTE Sommer bis Frühherbst

G

Glaucium flavum Gelber Hornmohn

DER GELBE HORNMOHN wird wegen seiner leuchtenden, mohnähnlichen Blüten gezogen. Er ist eine Rosetten bildende, kurzlebige Staude, die gewöhnlich als Zweijährige gezogen wird. Die rauen, unbehaarten, blaugrünen Blätter sind eingeschnitten oder gezähnt, und er produziert verzweigte, graue Stängel mit leuchtend goldgelben oder orangefarbenen Blüten im Sommer. Seine Heimat sind Europa, die Kanarischen Inseln, Nordafrika und Westasien. Diesen Hornmohn sollte man in magerem bis durchschnittlichem, sehr gut durchlässigem Boden ziehen. Die Samen sät man im Frühjahr oder Herbst an Ort und Stelle aus.

PFLANZENPROFIL
HÖHE 90 cm
BREITE 45 cm
STANDORT Sonne
BODEN sehr gut durchlässig
WINTER völlig winterhart
BLÜTE Sommer

Gomphrena 'Strawberry Fields' Kugelamarant

G

WENN SIE EINE PFLANZE SUCHEN, die lange, heiße Sommer aushält, ohne schlapp zu machen, sollten Sie den Kugelamarant wählen. 'Strawberry Fields' bildet Büschel von aufrechten Stängeln, die von kegelförmigen Blütenständen aus jeweils Dutzenden winziger Blüten gekrönt werden. Sie können für Trockenblumen-Arrangements geschnitten werden (und behalten ihre leuchtende Farbe). Säen Sie im zeitigen Frühjahr unter Glas aus. Sorgen Sie dafür, dass die Pflanzen den sonnigsten Platz im Garten bekommen. Sie brauchen durchschnittliche, gut durchlässige Erde.

WEITERE SORTE: *G. globosa* 'Buddy' (lebhafte, tief purpurfarbene Blüten).

PFLANZENPROFIL

HÖHE 80 cm

BREITE 30 cm

STANDORT Sonne

BODEN durchschnittlich, gut durchlässig

WINTER bedingt frosthart

BLÜTE Sommer bis Frühherbst

G

Gypsophila elegans Sommer-Schleierkraut

DAS SOMMER-SCHLEIERKRAUT ist eine wertvolle, sich ausbreitende Pflanze mit reichlich wogenden Blüten, die manchmal rosa oder weiß geädert sind. Der duftige, schleierartige Effekt von Tausenden von schwirrenden Insekten wirkt besonders gut in Bauerngärten vor leuchtend roten Stauden. Da das Schauspiel nur kurz anhält, sollte man die Samen in drei oder vier Schüben im Rhythmus von 14 Tagen aussäen, damit man mehr davon hat. Säen Sie die erste Portion Samen im Frühjahr an Ort und Stelle aus und die anderen Portionen in Töpfe, wenn sie an denselben Platz sollen. Es wächst in leichtem, bevorzugt basischem, schnell durchlässigem Boden.

WEITERE SORTEN: 'Carminea' (karmesinrot-rosa Blüten); 'Covent Garden' (große weiße Blüten); 'Red Cloud' (karmesinrot-rosa Blüten).

PFLANZENPROFIL

HÖHE 60 cm

BREITE 30 cm

STANDORT Sonne

BODEN bevorzugt basisch, leicht, sehr gut durchlässig

WINTER völlig winterhart

BLÜTE Sommer

VOGELFUTTER

Sie sollten die verwelkten Blütenköpfe an Sonnenblumen stehen lassen, weil ihre Samen im Winter eine wichtige Futterquelle für Vögel sind.

Helianthus annuus 'Music Box' Sonnenblume

DIE NEUE SONNENBLUME 'MUSIC BOX' hat keinen Stiel, der einem Laternenmast ähnlich ist, und trägt auch keine riesengroße Blüte hoch oben, sondern ist eine reich verzweigte, nicht einmal hüfthohe, buschige Pflanze. Sie bildet Dutzende von 10 cm breiten Blüten in verschiedenen Farben, darunter auch zweifarbige, aber alle haben eine schwarze Scheibe in der Mitte. Säen Sie den Samen im Frühjahr an Ort und Stelle aus, aber achten Sie auf Tauben, die ihn am Morgen wegpicken. Kultivieren Sie die Sonnenblume in durchschnittlicher, neutraler bis basischer, gut durchlässiger Erde.

WEITERE SORTE: 'Autumn Beauty' (Blütenblätter in dunklem Mahagonirot, Zitronengelb, Goldgelb oder Bronzerot).

PFLANZENPROFIL

HÖHE 70 cm

BREITE 60 cm

STANDORT Sonne

BODEN neutral bis basisch, durchschnittlich, feucht, aber gut durchlässig

WINTER völlig winterhart

BLÜTE Sommer bis Herbst

H

Helianthus annuus 'Teddy Bear' Sonnenblume

'TEDDY BEAR' UND 'MUSIC BOX' TRETEN GEMEINSAM den Beweis an, dass die Schönheit von Sonnenblumen nicht unbedingt etwas mit ihrer Höhe zu tun hat. Kleine Kinder haben mehr Freude daran, Sonnenblumen mit leuchtend sonnigen Blütenköpfen in ihrer Größe zu ziehen als stangenähnliche, die meterhoch über ihren Köpfen hängen. 'Teddy Bear' ist nur 90 cm hoch mit für Sonnenblumen ungewöhnlichen, ballförmigen Blütenständen und wuscheligen Blütenblättern. Säen Sie im Frühjahr an Ort und Stelle in durchschnittlichen, feuchten, aber gut durchlässigen Boden.

WEITERE SORTE: 'Sunspot' (große gelbe Blütenköpfe).

PFLANZENPROFIL
HÖHE 90 cm
BREITE 60 cm
STANDORT Sonne
BODEN neutraler bis basischer Boden, durchschnittlich, feucht, aber gut durchlässig
WINTER völlig winterhart
BLÜTE Sommer

Helianthus debilis ssp. *cucumerifolius* Sonnenblume

H

SAATGUT-FIRMEN WARTEN IMMER WIEDER mit neuen Sonnenblumen auf, von rekordverdächtigen, 8 m hohen Giganten bis zu buschigen Zwergen. Die reich verzweigte *H. debilis* ssp. *cucumerifolius* ist mit ihrer Höhe von 1 m gut zu handhaben – sie hat genau die richtige Höhe, damit man ihre wirkungsvollen, leuchtenden und blassgelben (manchmal rot überhauchten), 15 cm breiten Blüten würdigen kann. Die behaarten Stängel sind interessant purpurfarben gesprenkelt. Sie wird im Frühjahr an Ort und Stelle in durchschnittlichen, feuchten, aber gut durchlässigen Boden ausgesät.

WEITERE SORTE: 'Italian White' (cremeweiße bis blass primelgelbe Blütenblätter mit schwarzer Mitte).

PFLANZENPROFIL
HÖHE 1 m
BREITE 30 cm
STANDORT Sonne
BODEN neutral bis basisch, durchschnittlich, feucht, aber gut durchlässig
WINTER völlig winterhart
BLÜTE Sommer bis Herbst

H

Heliophila coronopifolia Sonnenschein

DIE PFLANZE VERMITTELT EINEN ZARTEN und zierlichen Gesamteindruck. Das macht sie nützlich für den Rand von Rabatten, wo man etwas Raffiniertes und Zurückhaltendes braucht. Die Farbpalette reicht von blass- bis leuchtend blau oder sogar blauviolett mit grüngelbem Auge. 'Atlantis' hat leuchtend blaue Blüten mit einem weißen Auge. Säen Sie im Frühjahr an Ort und Stelle aus. Will man sie als Zimmerpflanzen halten, die im Winter blühen, sät man im Herbst in Töpfen aus. Sie wachsen in fruchtbarer, gut durchlässiger Erde.

WEITERE SORTE: *H. leptophylla* (überhängende Rispen mit klar blauen Blüten).

PFLANZENPROFIL
HÖHE 10 cm
BREITE 30 cm
STANDORT Sonne
BODEN fruchtbar, gut durchlässig
WINTER frosthart
BLÜTE Frühjahr bis Sommer

Heliotropium arborescens 'Marine' Vanilleblume

H

DIE BESTEN HELIOTROP-SORTEN bieten den ganzen Sommer über einen intensiven, vanilleartigen Duft. Sie alle sind buschige, kurzlebige Sträucher, die als lockerer Busch belassen oder zu einer Kugel auf einem Hochstämmchen geschnitten werden können. 'Marine' ist perfekt für Töpfe geeignet, beispielsweise in der Mitte eines Gartentisches. In Beeten sollte man sie in Gruppen pflanzen, damit die farbenprächtigen Blüten zur Wirkung kommen. Man topft die Pflanzen den Winter über ein und hält sie an einem frostfreien Platz, oder man sät die Samen jedes Frühjahr unter Glas aus und pflanzt sie in fruchtbare, feuchte, aber stark durchlässige Erde.

WEITERE SORTEN: 'Lord Roberts' (kompakt; hell violettblaue Blüten); 'White Lady' (kompakt; weiße Blüten; rosa überhauchte Knospen).

PFLANZENPROFIL
HÖHE 45 cm
BREITE 45 cm
STANDORT Sonne
BODEN fruchtbar, feucht, aber gut durchlässig
WINTER bedingt frosthart
BLÜTE Sommer

H

Hibiscus acetosella 'Coppertone' Eibisch

DIESE KURZLEBIGE STAUDE wird in kühlen Klimazonen als Einjährige gezogen. Sie hat maronenfarben-purpurne Blätter, die bis zu 30 cm lang werden und den handförmigen Blättern des Ahorns gleichen. Verwenden Sie sie in roten Farbkombinationen mit Dahlien und *Crocosmia* (Montbretie) oder als Kontrast zu leuchtendem Weiß. Die trichterförmigen Blüten mit ihrer dunkelpurpurnen Mitte sind etwa 7,5 cm breit. Die Sorten des frostharten, strauchigen *H. syriacus* wie etwa 'Diana' oder 'Woodbride' haben die schönsten Blüten. Die Samen von 'Coppertone' sät man im Frühjahr unter Glas aus und pflanzt die Setzlinge an einen heißen, geschützten Platz.

WEITERE SORTE: *H. acetosella* (trichterförmige Blüten in Gelb oder Purpurrot mit tief purpurfarbener Mitte).

PFLANZENPROFIL
HÖHE 90 cm
BREITE 45 cm
STANDORT Sonne
BODEN neutral bis basisch, feucht, aber gut durchlässig
WINTER bedingt frosthart
BLÜTE Spätsommer bis Herbst

Hibiscus Disco-Belle-Serie Eibisch

H

Diese Gruppe farbenprächtiger Einjähriger passt am besten direkt an den Rand einer Rabatte – anders als der große, buschige *H. syriacus*, der mannshoch im Hintergrund wächst. Buschig und reich mit 23 cm breiten, roten, rosafarbenen oder weißen Blüten bedeckt, sind sie es wert, überall gepflanzt zu werden, wo sich eine sonnige Lücke zwischen Pflanzen findet. Eine gute Alternative ist 'Southern Belle', deren Blüten zum Rand hin blasser werden. Sie werden im Frühjahr unter Glas ausgesät und die Setzlinge im Freiland in fruchtbare, feuchte, aber gut durchlässige Erde gepflanzt.

WEITERE SORTE: 'Southern Belle' (dunkelrote Blüten, zum Rand hin heller).

PFLANZENPROFIL

HÖHE 50 cm

BREITE 30 cm

STANDORT Sonne

BODEN neutral bis basisch, fruchtbar, feucht, aber gut durchlässig

WINTER Minimum 5 °C

BLÜTE Sommer

H

Hibiscus trionum Stundenblume

DIE STUNDENBLUME IST RASCH WÜCHSIG und wunderschön. Zunächst wächst sie aufrecht, bis sie eine Menge Blütentriebe entwickelt. Die trompetenförmigen Blüten haben hübsch kontrastierende cremegelbe Blütenblätter und eine schokoladenbraune Mitte. Auf sie folgen blasenähnliche Samenkapseln. Die Stundenblume gedeiht gut in Gefäßen und ist eine nützliche Pflanze, um die nackten Stängel von Kletterpflanzen wie etwa Rosen zu kaschieren. Säen Sie im Frühjahr unter Glas aus (vorher in heißem Wasser eine Stunde quellen lassen), und setzen Sie die Pflanzen in neutrale bis basische, fruchtbare, feuchte, aber gut durchlässige Erde.

WEITERE SORTE: *H. cannabinus* (trichterförmige, blassgelbe, gelegentlich purpurrote Blüten).

PFLANZENPROFIL

HÖHE 75 cm

BREITE 60 cm

STANDORT Sonne

BODEN neutral bis basisch, fruchtbar, feucht, aber gut durchlässig

WINTER bedingt frosthart

BLÜTE Sommer bis Frühherbst

Hordeum jubatum Mähnengerste

H

DIESES KLEINE GRAS mit seinen gerstenähnlichen, seidigen, silbrigen Ähren ist oft wunderhübsch purpurn überhaucht. Gegen Ende des Sommers wird es jedoch einheitlich beige. Man kann diese reizende Pflanze im Garten vielfältig verwenden: Füllen Sie ein kleines Beet mit ihr, und sie werden mit ihren aus den wogenden Stängeln ragenden Ähren zum Blickfang, oder pflanzen Sie sie in Streifen vor eine Rabatte. Die Mähnengerste ist kurzlebig, sät sich aber reichlich selbst aus. Im Frühjahr sollten Sie kleine Grasbüschel in der Rabatte nicht zu eifrig ausjäten – es könnte sein, dass sie zu dieser Schönheit heranwachsen. Sie wird im Frühjahr oder Herbst an Ort und Stelle in durchschnittliche, gut durchlässige Erde ausgesät.

PFLANZENPROFIL
HÖHE 50 cm
BREITE 30 cm
STANDORT Sonne
BODEN durchschnittlich, gut durchlässig
WINTER völlig winterhart
BLÜTE Früh- und Hochsommer

H

Hunnemannia fumariifolia 'Sunlite' Mexikanischer Tulpemohn

Er ist nicht einer von diesen leuchtenden, auffälligen, blutroten Mohnstauden, sondern eher dezent und von einem sanften, klaren Gelb. Seine Blüten erscheinen auf weichen Stängeln zwischen fein geteiltem, blaugrünen Laub. Er bildet einen lebhaften Kontrast zu rotem Fingerkraut oder purpurfarbenem Salbei. Wie die meisten Mohnpflanzen hasst er es, wenn seine Wurzeln gestört werden, deshalb sollte man ihn im Frühjahr an Ort und Stelle aussäen. Er wächst im Garten in durchschnittlichem, stark durchlässigem Boden oder in Gefäßen, wo er im Winter Licht in den Wintergarten bringt.

PFLANZENPROFIL

HÖHE 60 cm

BREITE 20 cm

STANDORT Sonne

BODEN durchschnittlich, gut durchlässig

WINTER bedingt frosthart

BLÜTE Mittsommer bis Spätherbst

Iberis amara Bittere Schleifenblume

I

SEIT ELISABETHIANISCHEN ZEITEN ist die Bittere Schleifenblume ein Favorit der Bauerngärten. Sie ist leicht zu kultivieren und bildet sanfte Wolken aus süß duftenden, weißen bis purpurweißen Blüten auf kurzen, festen, aufrechten Stängeln. Gewöhnlich wird sie direkt am Rand von Rabatten gezogen mit kontrastierenden Farben im Hintergrund. Wenn man größere Blüten möchte, wählt man 'Giant Hyacinth-flowered'. Die Samen werden im Frühjahr an Ort und Stelle oder, wenn sie früher blühen sollen, im Herbst ausgesät. Sie wachsen in neutralem bis basischem, magerem, feuchtem, aber gut durchlässigem Boden. An trockenen Standorten müssen Sie gut wässern.

WEITERE SORTE: 'Pinnacle' (stark duftende, rein weiße Blüten).

PFLANZENPROFIL

HÖHE 45 cm

BREITE 15 cm

STANDORT Sonne

BODEN neutral bis basisch, mager bis durchschnittlich, feucht, aber gut durchlässig

WINTER völlig winterhart

BLÜTE Sommer

I

Iberis umbellata Fairy-Serie Doldige Schleifenblume

DIE DOLDIGE SCHLEIFENBLUME hat mit ihren Büscheln aus kleinen, duftenden Blüten alle Bauerngärten erobert. Weil sie so niedrig ist, ist sie auch ein nützlicher Lückenfüller zwischen Pflaster und in Steingärten. Wenn Sie eine Schleifenblume in lebhafteren Farben wünschen, sollten Sie die Flash-Serie oder andere Sorten von *I. umbellata* probieren, die eine breite Palette von pulsierendem Rosa, Purpur oder Karmesinrot bieten. Säen Sie im Frühjahr oder Herbst an jedem freien, sonnigen Fleck aus, dann haben Sie vom Frühjahr an einen überreichen Blütenschmuck. Die Doldige Schleifenblume benötigt mageren, feuchten, aber gut durchlässigen, neutralen bis basischen Boden. An trockenen Flecken muss gut gewässert werden.

WEITERE SORTE: 'Iceberg' (Pyramiden aus rein weißen Blüten).

PFLANZENPROFIL

HÖHE 30 cm

BREITE 23 cm

STANDORT Sonne

BODEN mager bis durchschnittlich, feucht, aber gut durchlässig

WINTER völlig winterhart

BLÜTE Frühjahr bis Sommer

Impatiens balsamina 'Blackberry Ice' Garten-Springkraut

I

WENN SIE GARTEN-SPRINGKRAUT in kräftigen Farben und mit gefüllten Blüten lieben, ist 'Blackberry Ice' die richtige Wahl. Es hat purpurfarbene Blüten mit weißen Flecken und blüht den ganzen Sommer über. 'Blackberry Ice' ist wie die kleine, 30 cm hohe scharlachrote, rosa, violette oder weiße Tom-Thumb-Serie eine große Verbesserung gegenüber der Mutterpflanze *I. balsamina*, die man, bevor sich die Pflanzenzüchter ans Werk machten, in den 50er-Jahren kaufen konnte. Sie wird im Frühjahr in Töpfe auf einem warmen Fensterbrett oder im Gewächshaus ausgesät, und die Setzlinge kommen im Freien in fruchtbare, feuchte, aber gut durchlässige Erde.

WEITERE SORTE: Camellia-flowered-Serie (große, gefüllte, weiß gefleckte rosa oder rote Blüten).

PFLANZENPROFIL
HÖHE 70 cm
BREITE 45 cm
STANDORT Halbschatten
BODEN fruchtbar, feucht, aber gut durchlässig
WINTER Minimum 5 °C
BLÜTE Sommer bis Frühherbst

I

Impatiens 'Red Star' Fleißiges Lieschen

DIE BLÜTEN VON 'RED STAR' sind unverschämt leuchtend und flott und sehen aus wie Miniaturfahnen mit einem weißen Stern vor einem leuchtend roten Hintergrund. Das anhaltende Schauspiel der Blüten ist ziemlich erstaunlich und lässt den ganzen Sommer über nicht nach. Mit nur 15 cm Höhe sollte die Pflanze direkt vorn am Rand einer Rabatte oder in einen Topf oder Blumenkasten gepflanzt werden, um zu verhindern, dass sie von ihren Begleitern verdeckt wird. Säen Sie im zeitigen Frühjahr unter Glas aus, und pflanzen die Setzlinge im Freien in fruchtbare, feuchte, aber gut durchlässige Erde.

WEITERE SORTE: Neuguinea-Hybriden (üppige Blätter und Blüten in leuchtenden Farben).

PFLANZENPROFIL

HÖHE 15 cm

BREITE 15 cm

STANDORT Halbschatten

BODEN fruchtbar, feucht, aber gut durchlässig

WINTER Minimum 10 °C

BLÜTE Frühjahr bis Herbst

Impatiens walleriana Super-Elfin-Serie Fleißiges Lieschen

I

IN DER REIHE DER VIELEN EXZELLENTEN, üppig blühenden Fleißigen Lieschen bekommt diese Serie Bestnoten. Niedrig und kompakt und im Sommer ständig mit Blüten bedeckt, gibt es dieses kleine Juwel in etwa 20 verschiedenen Farben. Pastelltöne dominieren und verleihen sommerlichen Pflanzungen einen ruhigen, weichen Touch. Säen Sie im zeitigen Frühjahr unter Glas aus, und pflanzen Sie die Setzlinge in fruchtbare, feuchte, aber gut durchlässige Erde.

WEITERE SORTEN: Blitz-2000-Serie (höher; reich verzweigt; dunkelgrüne Blätter; Blüten in Weiß, Orange, Rosa, Rot und Violett); Confection-Serie (gefüllte und halb gefüllte Blüten in Orange, Rosa und Rot).

PFLANZENPROFIL
HÖHE 25 cm
BREITE 25 cm
STANDORT Halbschatten
BODEN fruchtbar, feucht, aber gut durchlässig
WINTER Minimum 10 °C
BLÜTE Sommer

I

Ionopsidium acaule Scheinveilchen

DIESE UNGEWÖHNLICHE EINJÄHRIGE wird in Gartenbüchern oft nicht beachtet. Sie bildet den ganzen Sommer lang über den niedrigen Büscheln mittelgrüner Blätter eine Vielzahl kleiner, duftender Kreuzblüten. Sie ist extrem nützlich, um Lücken zwischen Pflaster und Stellen im Steingarten zu füllen. Die einfach zu kultivierende Einjährige sät man im Frühjahr an Ort und Stelle in durchschnittlichen, feuchten, aber gut durchlässigen Boden.

PFLANZENPROFIL

HÖHE 8 cm

BREITE 2,5 cm

STANDORT Halbschatten

BODEN feucht, aber gut durchlässig

WINTER bedingt frosthart

BLÜTE Sommer

Ipomoea coccinea Sternwinde

I

WO IMMER EINE LÜCKE FÜR EINE KLETTERPFLANZE an einer Mauer oder einem Strauch frei ist, sollten Sie die Sternwinde mit scharlachroten Blüten und gelbem Schlund ausprobieren. Sie windet sich um alle Kletterhilfen und an ihnen empor und liefert den so oft benötigten Farbtupfer. Säen Sie die vorher eingeweichten Samen im Frühjahr unter Glas aus, und pflanzen Sie die Setzlinge im Freiland in durchschnittliche, gut durchlässige Erde. Schützen Sie sie vor kalten, austrocknenden Winden, und geben Sie ihnen eine stabile Kletterhilfe wie etwa Begleitsträucher oder ein kleines Rankgerüst. Die Samen sind bei Verzehr giftig.

WEITERE SORTE: *I. tricolor* (trichterförmige, himmelblaue bis purpurfarbene Blüten mit weißem Schlund, innen an der Basis goldgelb).

PFLANZENPROFIL

HÖHE 4 m

STANDORT Sonne

BODEN durchschnittlich, gut durchlässig

WINTER Minimum 7 °C

BLÜTE Sommer

I

Ipomoea lobata Prunkwinde

GARTENNEULINGE PFLANZEN AM ANFANG oft die eindrucksvollen Prunkwinden-Arten mit ihren leuchtend gefärbten, trompetenförmigen Blüten und wechseln schließlich zu dieser – einer gemäßigteren und faszinierenderen Art. Die rankenden, kletternden Triebe dieser Prunkwinde sind rot überhaucht, die kleinen Blüten sind leicht gebogen und röhrenförmig. Anfangs sind sie scharlachrot, beim Welken werden sie nach und nach orange, gelb und dann weiß. Man sät die Samen im Frühjahr unter Glas und pflanzt die Setzlinge in gut durchlässige Erde aus. Wie bei allen Prunkwinden muss man für einen Schutz vor Kälte und austrocknende Winde sowie eine gute Kletterhilfe sorgen. Die Samen sind bei Verzehr giftig.

WEITERE SORTE: *I. nil* 'Chocolate' (rot-schokoladenbraune Blüten).

PFLANZENPROFIL
HÖHE 5 m
STANDORT Sonne
BODEN durchschnittlich, gut durchlässig
WINTER Minimum 10 °C
BLÜTE Sommer bis Herbst

Ipomoea quamoclit Prunkwinde

I

EINE DER BESTEN EINJÄHRIGEN KLETTERPFLANZEN ist *I. quamoclit*. Sie hat feine, farnähnliche Blätter und kleine, trichterförmige Blüten in leuchtendem Rot (manchmal auch in Weiß). Geben Sie ihr eine Kletterhilfe, sei es ein Gestell aus Bambusrohr, umwickelt mit Schnur oder Draht, oder begleitende Sträucher und Kletterpflanzen, an denen sie sich entlanghangeln können. Die vorher eingeweichten Samen im Frühjahr unter Glas aussäen und in durchschnittliche, stark durchlässige Erde auspflanzen. Sorgen Sie für Schutz vor Kälte und austrocknendem Wind. Die Samen sind giftig.

WEITERE SORTE: *I. nil* 'Scarlet O'Hara' (leuchtend rote Blüten).

PFLANZENPROFIL
HÖHE 2 m
STANDORT Sonne
BODEN durchschnittlich, stark durchlässig
WINTER Minimum 7 °C
BLÜTE Sommer

I

Ipomoea tricolor 'Heavenly Blue' Prunkwinde

SIE IST DIE BEKANNTESTE ALLER PRUNKWINDEN. 'Heavenly Blue' ist ein rasch wüchsiger, rankender Kletterer mit wundervollen blauen, trichterförmigen Blüten. Wo immer es im Garten eine geeignete Kletterhilfe gibt – vom nackten Stamm einer Kletterrose bis zum nicht blühenden Strauch – pflanzen Sie eine Prunkwinde, um ihn zu überwuchern. *I. tricolor* 'Grandpa Otts' hat sensationelle violett-blaue Blütenblätter mit rubinroter Mitte. Die Samen (sie sind bei Verzehr giftig) im Frühjahr unter Glas aussäen und die Setzlinge im Freiland in durchschnittliche, stark durchlässige Erde pflanzen. Für Schutz vor Kälte und austrocknendem Wind sorgen.

WEITERE SORTE: 'Flying Saucers' (unterschiedlich marmorierte, weiße und pupurblaue Blüten).

PFLANZENPROFIL

HÖHE 4 m

STANDORT Sonne

BODEN durchschnittlich, gut durchlässig

WINTER Minimum 7 °C

BLÜTE Sommer

Ipomopsis aggregata Skyrocket

I

SIE IST EINE ZIEMLICH EINDRUCKSVOLLE, rot blühende Ein- oder Zweijährige und kombiniert farbenprächtige, trichterförmige Blüten auf aufrechten, verzweigten Stängeln mit fein geteiltem Laub. Säen Sie die Samen entweder im Spätwinter oder zeitigen Frühjahr unter Glas aus, damit sie im Sommer blühen. Als Alternative, damit sie etwas früher blühen, sät man sie im Sommer und überwintert die Pflanzen in einem Frühbeet. In fruchtbare, gut durchlässige Erde pflanzen.

PFLANZENPROFIL
HÖHE 1 m
BREITE 30 cm
STANDORT Sonne
BODEN fruchtbar, gut durchlässig
WINTER bedingt frosthart
BLÜTE Mittsommer bis Frühherbst

I

Isatis tinctoria Färberwaid

FÄRBERWAID IST PERFEKT FÜR EINEN BAUERNGARTEN im alten Stil; früher verwendete man die Blätter, um blaue Farbe herzustellen. Die kurzlebige Staude wird gewöhnlich als Zweijährige gezogen. Hat sie sich einmal ausgebreitet, sät sie sich selbst aus. Die graugrünen Blätter sind 10 cm lang und erscheinen unten an den hohen Stängeln, die von den lockeren Büscheln leuchtend gelber Blüten gekrönt werden. Den Blüten folgen attraktive Samenbehälter. Säen Sie im Herbst in ein Frühbeet, und pflanzen Sie die Setzlinge in ziemlich reiche, feuchte, aber stark durchlässige Erde.

PFLANZENPROFIL
HÖHE 1,2 m
BREITE 45 cm
STANDORT Sonne
BODEN durchschnittlich, feucht, aber gut durchlässig
WINTER völlig winterhart
BLÜTE Frühsommer

J

Jamesbrittenia

DIE FÜNFZÄHLIGEN BLÜTEN DIESER PFLANZE erscheinen über einen langen Zeitraum im Überfluss, die Blüte beginnt im Frühjahr. Die buschigen, runden, halb kletternden Stängel und gezähnten Blätter werden von großen Mengen purpurblauer Blüten mit gelbem Auge begleitet, die sie zur einer wundervollen Pflanze für Hängekörbe machen. Sie wächst auch gut am Rand einer Rabatte oder in einem Stein- oder Kiesgarten.Vermehren Sie sie im Sommer mit Stecklingen, und ziehen Sie sie in fruchtbarer, gut durchlässiger Erde an.

PFLANZENPROFIL
HÖHE 30 cm
BREITE 30 cm
STANDORT Sonne oder Halbschatten
BODEN fruchtbar, gut durchlässig
WINTER Minimum 5 °C
BLÜTE Spätfrühling und Sommer

L

Lablab purpureus Faselbohne

URSPRÜNGLICH STAMMT SIE aus dem tropischen Afrika und ist viel zu zart, um bei uns im Winter draußen zu überleben. Deshalb zieht man sie am besten als Einjährige. Die windenden Stängel bringen eine große Pflanzenmasse hervor (sorgen Sie für eine sehr stabile Kletterhilfe), und mit ihren duftenden, den Erbsenblüten gleichenden Blüten sieht sie ein bisschen wie eine hochgepuschte Feuerbohne aus. Die 10–15 cm langen grünen Samenhülsen, oft purpur überlaufen, und die weißen bis rotbraunen, braunen oder schwarzen Bohnen sind nach dem Einweichen essbar. Die Samen werden im Frühjahr unter Glas ausgesät und die Setzlinge im Freiland in jeden stark durchlässigen Boden gepflanzt. Die größte Ernte erhält man, wenn man alle zehn bis 14 Tage im Frühsommer bis zur Blüte mit einem Flüssigdünger düngt.

PFLANZENPROFIL

HÖHE 6 m

STANDORT Sonne

BODEN gut durchlässig

WINTER Minimum 7 °C

BLÜTE Sommer und Herbst

Lagurus ovatus Hasenschwanzgras

IN SANDIGEN BÖDEN IM MITTELMEERGEBIET nahe der Küste finden Sie Büschel dieses hübschen einjährigen Grases. Die weichen, schön anzufassenden Blätter erscheinen zuerst, gefolgt von den behaarten Blütenständen, die wie der kurze Stummelschwanz eines Hasens oder Kaninchens aussehen. Sie sind zunächst blassgrün und werden dann beige. In Blumenarrangements sehen sie frisch oder getrocknet gut aus und sollten gepflückt werden, bevor sie ganz reif sind. Säen Sie an Ort und Stelle im Frühling oder im Herbst ins Frühbeet aus. Kultivieren Sie es in sehr leichtem, sandigen, gut durchlässigem Boden.

PFLANZENPROFIL
HÖHE 50 cm
BREITE 30 cm
STANDORT Sonne
BODEN leicht, sandig, gut durchlässig
WINTER völlig winterhart
BLÜTE Sommer

L

Lamarckia aurea Goldgras

DIESES WUNDERHÜBSCHE UND UNGEWÖHNLICHE kleine Gras bildet Büschel mit blassgrünen Blättern. Die Blüten am Ende der Stängel erinnern an kleine silbrige Bürsten, die in einem 45°-Winkel nach unten zeigen. Sie sind zunächst goldgelb oder weiß-grün und werden dann silbern, zum Schluss sind sie oft purpurn überhaucht. In frischen Sträußen oder Trockenblumen-Arrangements sind sie sehr wertvoll. Sie werden vom zeitigen bis späten Frühjahr in Schüben in leichten, sandigen, gut durchlässigen Boden gesät. Sie können die Samen auch im späten Frühjahr in Töpfen im Frühbeet aussäen und die erste Staffel ersetzen, wenn sie zur Hochsommerzeit zu welken beginnt.

PFLANZENPROFIL

HÖHE 30 cm

BREITE 25 cm

STANDORT Sonne

BODEN leicht, sandig, gut durchlässig

WINTER völlig winterhart

BLÜTE Frühjahrsmitte bis Sommer

PFLANZEN STÜTZEN

Ein Wigwam, mit einer Schnur zusammengebunden, sorgt für gute Luftzirkulation. Das verhindert Mehltau und fördert den Blütenduft.

L

Lathyrus odoratus Duftwicke

DIE BESTEN DUFTWICKEN verströmen weithin einen außergewöhnlichen Geruch und leuchten in exquisiten Farben. Die Pflanzen klettern mit ihren zarten Ranken und brauchen Wigwams aus hohen Bambusrohren als Stütze (siehe Kasten); wenn sie jung sind, sollte man sie an kleinen Stöcken ranken lassen. Die Samen (vorher einweichen) werden im Herbst oder zeitigen Frühjahr in Töpfen im Frühbeet ausgesät. Wenn die Pflänzchen 8 cm hoch sind, entfernt man die Triebspitzen, damit sie buschiger werden. Nach dem letzten Frost setzt man sie in fruchtbare, gut durchlässige Erde. Versorgen Sie sie den Sommer über alle zwei Wochen mit Flüssigdünger.

WEITERE SORTE: Continental-Hybriden (rote, blaue, rosa oder weiße Blüten).

PFLANZENPROFIL

HÖHE 2 m

STANDORT Sonne oder Halbschatten

BODEN fruchtbar, gut durchlässig

WINTER völlig winterhart

BLÜTE Sommer bis Frühherbst

L

Lathyrus odoratus Bijou-Gruppe Duftwicke

NICHT ALLE WICKEN SIND KRÄFTIGE KLETTERPFLANZEN – die schwach duftende Bijou-Gruppe bietet eine reizende Mini-Show am Rand einer farbenprächtigen Bauerngartenrabatte. Ein paar kurze Zweige sind die einzige Kletterhilfe, die sie benötigen. Wie alle Wicken bilden sie umso mehr neue Blütenknospen, je mehr Blüten man für Sträuße abschneidet. Es gibt sie in hübschen Farbtönen wie Rosa, Blau, Rot und Weiß. Man sät die eingeweichten Samen im Herbst oder zeitigen Frühjahr in ein Frühbeet in Töpfe. Wenn die jungen Pflanzen 8 cm hoch sind, entfernt man die Triebspitzen, damit sie buschiger werden. Düngen Sie im Sommer regelmäßig.

WEITERE SORTE: 'Pink Cupid' (stark duftend; rosafarbene und weiße Blüten).

PFLANZENPROFIL
HÖHE 45 cm
BREITE 45 cm
Standort Sonne oder Halbschatten
BODEN fruchtbar, gut durchlässig
WINTER völlig winterhart
BLÜTE Sommer bis Frühherbst

Lathyrus sativus Saat-Platterbse

L

DIESES MITGLIED DER WICKEN wurde als Viehfutter angepflanzt, aber es hat die Tugenden einer Rabattenpflanze. Die zarten Blüten sind zunächst blau und werden beim Verwelken weiß, manchmal bekommen sie rosa Adern. Regelmäßiges Entfernen der welken Blüten fördert die Blütenbildung. Die rechteckigen und geflügelten Stängel sehen ebenfalls schön aus. Die Samen weicht man ein und sät sie im Herbst oder zeitigen Frühjahr in Töpfen in das Frühbeet. Wenn die Pflanzen 8 cm hoch sind, entfernt man die Triebspitzen, damit sie buschiger werden. Düngen Sie im Sommer alle 14 Tage mit Flüssigdünger.

WEITERE SORTE: *L. odoratus* Explorer-Gruppe (mittelblaue, marineblaue, karmesinrote, rosafarbene, purpurne oder weiße gewellte Blüten).

PFLANZENPROFIL
HÖHE 1 m
BREITE 45 cm
STANDORT Sonne oder Halbschatten
BODEN fruchtbar, gut durchlässig
WINTER völlig winterhart
BLÜTE Sommer

L

Lavatera trimestris 'Silver Cup' Bechermalve

DIE EINJÄHRIGEN BECHERMALVEN sind der Hit in jedem Bauerngarten. 'Silver Cup' ist eine der besten. Sie ist reich verzweigt, blüht reich, ist robust und bietet ein üppiges Schauspiel mit ihren 12 cm breiten, bonbonrosa Blüten mit dunklen Adern. Die einzelnen Blüten halten nicht lange, aber es folgen laufend neue nach. Ebenfalls eine gute Wahl sind 'Mont Blanc' mit weißen Blüten und 'Ruby Regis' in zartem Rosa mit dunklem Auge und purpurfarbenen Adern. Die Samen werden zur Frühjahrsmitte oder im späten Frühjahr an Ort und Stelle in durchschnittlichen, leichten, gut durchlässigen Boden ausgesät.

WEITERE SORTE: 'Loveliness' (tief rosarote Blüten).

PFLANZENPROFIL

HÖHE 75 cm

BREITE 45 cm

STANDORT Sonne

BODEN durchschnittlich, gut durchlässig

WINTER völlig winterhart

BLÜTE Sommer

Layia platyglossa

L

DAS BEMERKENSWERTE an dieser kalifonischen Einjährigen ist ihre lange Blütezeit mit gelben Blüten mit weißen Spitzen. Jede Blüte hat ein tiefgoldgelbes Auge und wird von weichen, behaarten, graugrünen Blättern umgeben. Weil sie mageren bis durchschnittlichen, leichten, sandigen Boden liebt, ist sie ideal für Gärten im mediterranen Stil, für heiße, trockene Gärten oder Rabatten. Machen sie nicht den Fehler und kultivieren Sie sie in nährstoffreichem Boden, sonst werden die Stängel weich und schwach. Säen Sie im zeitigen Frühjahr oder Herbst an Ort und Stelle aus. Sie sind ausgesprochen gute Schnittblumen.

PFLANZENPROFIL
HÖHE 45 cm
BREITE 30 cm
STANDORT Sonne
BODEN mager, gut durchlässig
WINTER völlig winterhart
BLÜTE Sommer bis Herbst

L

Legousia speculum-veneris Venusspiegel

Der Venusspiegel ist eine farbenprächtige, buschige Einjährige für Wildblumengärten oder Gärten im mediterranen Stil. Die schalenförmigen, violettblauen (manchmal weißen oder blasspurpurfarbenen) Blüten haben ein weißes Zentrum. Sie sind 2,5 cm breit, sehen ziemlich ungewöhnlich aus und werten Schnittblumensträuße auf. Säen Sie die Samen im Herbst oder zur Frühlingsmitte an Ort und Stelle aus. Wild findet man die Pflanze oft auf steinigen Böden im südlichen Europa von Spanien bis Griechenland und weiter nach Osten bis in den Irak und Iran; am besten gedeiht sie deshalb in leichten, gut durchlässigen Böden.

PFLANZENPROFIL

HÖHE 30 cm

BREITE 10 cm

STANDORT Sonne oder Halbschatten

BODEN mager, gut durchlässig

WINTER völlig winterhart

BLÜTE Frühsommer bis Herbst

Leucanthemum paludosum (syn. *Hymenostemma p.*) Zwergmargerite

L

DIESE NIEDRIGE, BUSCHIGE, BEHAARTE PFLANZE hat zwei Eigenschaften: die einzelnen weißen Blüten mit dem gelben, scheibenförmigen Auge und die unterschiedlich geformten Blätter – löffelförmig sind diejenigen an der Basis des Stängels und keilförmig die oberen. 'Show Star' ist ein besserer Blickfang als seine Mutterpflanze *L. paludosum* und produziert eine Menge leuchtend gelber Blüten und keilförmiger Blätter. Verwechseln Sie sie nicht mit *L. x superbum*, die völlig anders ist. Die Samen werden im Frühjahr an Ort und Stelle in durchschnittliche, feuchte, gut durchlässige Erde gesät.

WEITERE SORTE: *L. atratum* (weiße Blüten mit gelber Mitte).

PFLANZENPROFIL
HÖHE 15 cm
BREITE 20 cm
STANDORT Sonne oder Halbschatten
BODEN durchschnittlich, feucht, gut durchlässig
WINTER völlig winterhart
BLÜTE Sommer

L

Limnanthes douglasii Sumpfblume

IM ENGLISCHEN HEISST SIE »Poached egg plant« (verlorenes Ei), und das beschreibt ihr Aussehen sehr gut: Die Blüten der Sumpfblume haben ein dottergelbes Zentrum, das von einem ausgeprägten weißen Ring umgeben wird. Die Blüten öffnen sich im späten Frühling gleich auf Höhe des Rasens und sind für Bienen und Schwebfliegen sehr attraktiv. Wenn sie sich einmal ausgebreitet hat, sät sie sich selbst aus und bildet kleine Teppiche. Am besten gedeiht sie, wenn sie sich unbehindert beispielsweise in großen Lücken zwischen Pflastersteinen ausbreiten kann. Wenn Sie bereit sind, unerwünschte Sämlinge zu jäten, können Sie sie aber auch in Grenzen halten; in diesem Fall ist sie eine großartige Steingartenpflanze. Säen Sie im Frühjahr oder Herbst an Ort und Stelle in fruchtbare, feuchte, aber gut durchlässige Erde aus.

PFLANZENPROFIL
HÖHE 15 cm
BREITE 15 cm
STANDORT Sonne
BODEN fruchtbar, feucht, aber gut durchlässig
WINTER völlig winterhart
BLÜTE Spätfrühling bis Herbst

BLUMEN TROCKNEN

Strandflieder wirkt hübsch in Trockenblumen-Arrangements. Schneiden Sie die Blumen und hängen Sie sie an einen dunklen, kühlen, trockenen Platz.

Limonium sinuatum Fortress-Serie Strandflieder, Statice

L

MIT DEN LEBHAFTEN FARBEN DER FORTRESS-SERIE macht Ihr Garten Punkte, ebenso wirken sie in frischen oder getrockneten Blumensträußen – tatsächlich sind diese Strandflieder-Sorten am besten als Schnittblumen geeignet. Die Blüten sind klein und trichterförmig, öffnen sich in Büscheln auf kräftigen, reich verzweigten Stängeln und bereichern den Garten mit einem Blütenteppich. Andere gute Sorten sind die California-Serie mit ihren kräftigen Farben und die Sunburst-Serie (auch gut als Schnittblumen) in warmen Farbtönen inklusive orange-pfirsichfarben und rosenrot. Säen Sie im zeitigen Frühjahr unter Glas aus.

WEITERE SORTE: Petite Bouquet-Serie (klein; Rispen in dichten Büscheln; verschiedene Farben).

PFLANZENPROFIL
HÖHE 60 cm
BREITE 30 cm
STANDORT Sonne
BODEN sandig, gut durchlässig
WINTER frosthart
BLÜTE Sommer und Frühherbst

L

Linanthus grandiflorus Bergphlox

DIESE EINJÄHRIGE AUS KALIFORNIEN ist niedriger als der übliche in Rabatten gepflanzte Phlox. Sie hat dichte Blütenstände mit kleinen, offenen Blüten und ist eine sehr gute Schnittblume. *L. grandiflorus* ist typisch für Wildblumengärten oder als Randbepflanzung von Beeten und Rabatten. Sie kann auch in Töpfen als Wintergartenpflanze gezogen werden. Eine noch kleinere Art ist *L. dianthiflorus* (rosa) mit 5-12 cm Höhe und *L. nuttallii*, der etwa 15 cm misst. Die Samen werden im Frühjahr an Ort und Stelle ausgesät. Bergphlox wächst in leichtem, gut durchlässigem Boden.

WEITERE SORTE: *L. dianthiflorus* (weiße, rosafarbene oder blauviolette Blüten mit gelber Mitte).

PFLANZENPROFIL

HÖHE 50 cm

BREITE 23 cm

STANDORT Sonne

BODEN locker, stark durchlässig

WINTER völlig winterhart

BLÜTE Frühjahr bis Sommer

L

Linaria maroccana 'Northern Lights' Leinkraut

DIE BEKANNTE SORTE 'NORTHERN LIGHTS' ist schlank und gut als Schnittblume geeignet. Sie bietet lange haltbare Blüten in vielen Farben. Die Pflanzen passen mit ihren Blütenbüscheln in Gelb, Rosarot, Lavendel, Weiß, Karmesinrot, Orange und Lachsrot wunderbar in einen Bauerngarten, zum Beispiel rund um Büsche. Weil sie leichten, sandigen, stark durchlässigen Boden benötigen, sind sie auch ein lebendiger Beitrag für Gärten im mediterranem Stil. Sie werden im Frühjahr an Ort und Stelle ausgesät. Nach der Blüte säen sie sich reichlich selbst aus.

WEITERE SORTEN: 'Fairy Bouqet' (gelb, rosarot, lachsrosa, karmesinrot, lavendel und weiß); 'Ruby King' (weinrote Blüten); 'White Pearl' (rein weiße Blüten).

PFLANZENPROFIL
HÖHE 60 cm
BREITE 15 cm
STANDORT Sonne
BODEN durchschnittlich, stark durchlässig
WINTER völlig winterhart
BLÜTE Sommer

L

Linaria reticulata 'Crown Jewels' Leinkraut

DIE AUSGEPRÄGTEN ZWEILIPPIGEN BLÜTEN von 'Crown Jewels' wirken am besten, wenn man sie in Gruppen pflanzt. Die Farbauswahl ist groß und lebhaft (orange, rot, kastanienbraun und goldgelb), die schmalen Blätter sind matt blaugrün. Die Samen werden im Frühjahr an Ort und Stelle in leichten, durchschnittlichen (wenn möglich sandigen), stark durchlässigen Boden gesät. Nach der Blüte säen sie sich selbst aus und liefern im nächsten Jahr wieder Blüten.

WEITERE SORTE: *L. maroccana* (violett-purpurfarben, gelegentlich rosa oder weiße Blüten).

PFLANZENPROFIL

HÖHE 23 cm

BREITE 23 cm

STANDORT Sonne

BODEN durchschnittlich, stark durchlässig

WINTER völlig winterhart

BLÜTE Spätfrühling und Sommer

L

Lindheimera texana Texasstern

L. TEXANA IST EINE WUNDERSCHÖNE aufrechte Einjährige aus Texas. Ihre kleinen Blüten sind etwa 2,5 cm breit, goldgelb bis cremegelb mit einem kleinen grüngelben Auge. Die Pflanzen bieten einen lieblichen, ungezwungenen Anblick in Wildblumengärten oder in großen Gefäßen. Die Samen werden im Frühjahr an Ort und Stelle ausgesät. In ihrer Heimat wächst die Pflanze auf trockenen, kalkhaltigen Prärieböden; im Garten gibt man ihr durchschnittliche, leichte, stark durchlässige Erde.

PFLANZENPROFIL
HÖHE 60 cm
BREITE 30 cm
STANDORT Sonne
BODEN durchschnittlich, stark durchlässig
WINTER völlig winterhart
BLÜTE Spätfrühling und Sommer

L

Linum grandiflorum 'Rubrum' Lein

DIE UNTERTASSENFÖRMIGEN, FÜNFZÄHLIGEN BLÜTEN von 'Rubrum' halten zwar nicht lange, aber andere Blüten folgen schnell nach und nehmen ihren Platz ein, sodass die Blüte lange dauert. Die Pflanzen sind ein exzellenter Lückenfüller in Rabatten, wo immer auch nur die kleinste Lücke zu finden ist. Es gibt auch andere Rottöne, aber 'Rubrum' ist sicher die beste mit ihren leuchtend karmesinroten Blütenblättern, die die intensiv dunkelrote Mitte umgeben. Kombinieren Sie sie mit einer der weißen Sorten, vor allem mit 'Bright Eyes', die genauso hoch ist wie 'Rubrum' und elfenbeinweiße Blütenblätter mit braunrotem Auge hat. Säen Sie die Samen vom Spätsommer bis Herbst oder im Frühling an Ort und Stelle in leichten, stark durchlässigen Boden aus.

PFLANZENPROFIL

HÖHE 45 cm

BREITE 15 cm

STANDORT Sonne

BODEN durchschnittlich, stark durchlässig

WINTER völlig winterhart

BLÜTE Sommer und Herbst

Linum usitatissimum Flachs, Saatlein

L

DER FLACHS WURDE KOMMERZIELL ANGEBAUT, um Leinen und Leinöl zu produzieren, aber im Garten ist er einfach wegen seiner wunderschönen untertassenförmigen, himmelblauen Blüten beliebt. In Rabatten in Pastelltönen steuert er liebliche, sanfte Farbtöne bei. Auf die Blüten folgen strohfarbene runde Samenkapseln. Die Samen werden von Spätsommer bis Herbst oder im Frühjahr an Ort und Stelle ausgesät. Er wächst in durchschnittlichem, leichtem, stark durchlässigem Boden.

WEITERE SORTE: *L. grandiflorum* 'Caeruleum' (purpurblaue Blüten).

PFLANZENPROFIL
HÖHE 90 cm
BREITE 20 cm
STANDORT Sonne
BODEN durchschnittlich, stark durchlässig
WINTER völlig winterhart
BLÜTE Sommer

L

Lobelia erinus Cascade-Serie Lobelie, Männertreu

EINJÄHRIGE LOBELIEN ZIEHT MAN TRADITIONELL entweder in Beeten, wenn sie zu den kompakten, buschigen Sorten gehören, oder in Hängekörben, wenn sie kriechend und hängend sind. Die Cascade-Serie gehört zu den hängenden Formen und bildet wuschelige Blütenbüschel in vielen Farben von Blau bis Rot, Lila und Weiß. Man kann sie auch über die Seiten von Blumenkästen hängend ziehen oder über den Boden kriechen lassen. Als Alternative können Sie die neue kriechende und lange blühende Regatta-Serie probieren, die liebliche blaue und weiße zweifarbige Blüten bietet. Säen Sie im Spätwinter unter Glas aus oder im Spätsommer, damit sie im nächsten Frühjahr blühen. Lobelien sind bei Verzehr giftig!

WEITERE SORTE: 'Sapphire' (kriechend; blaue Blüten; weißes Auge).

PFLANZENPROFIL

HÖHE 15 cm

BREITE 15 cm

STANDORT Sonne oder Halbschatten

BODEN feucht, fruchtbar

WINTER bedingt frosthart

BLÜTE Sommer bis Herbst

Lobelia erinus 'Snowball' Lobelie

L

DIESE BUSCHIGEN LOBELIEN mit hübschen schneeweißen Blüten sind gelegentlich mit blassblauen Blüten durchsetzt. Verwenden Sie 'Snowball' allein an den Rändern von Gartenwegen oder kombinieren Sie seine Blüten mit den kontrastreichen tiefblauen Tönen von 'Crystal Palace'. Sie sieht auch in Gefäßen und Blumenkästen gut aus. Die Samen werden vom Spätwinter bis zur Frühjahrsmitte unter Glas ausgesät (sie keimen gewöhnlich nach 14 bis 21 Tagen) und die Setzlinge in Gruppen in feuchte Erde an einen sonnigen Platz gepflanzt. Wie alle Lobelien ist 'Snowball' bei Verzehr giftig, und am besten vermeidet man sie in Gärten, in denen kleine Kinder spielen.

WEITERE SORTEN: 'Cobalt Blue' (intensiv mittelblaue Blüten); Riviera-Serie (blauviolette, himmelblaue oder blau gefleckte Blüten).

PFLANZENPROFIL

HÖHE 15 cm

BREITE 15 cm

STANDORT Sonne oder Halbschatten

BODEN feucht, fruchtbar

WINTER bedingt frosthart

BLÜTE Sommer

L

Lobularia maritima 'Snow Crystals' Duftsteinrich

DER URSPRÜNGLICHE DUFTSTEINRICH – eine zu jeder Zeit äußerst beliebte Einjährige – ist weiß, aber heute ist er in einer ganzen Palette von Farben einschließlich Purpur, Rosa und Apricot erhältlich. 'Snow Crystals' bildet kleine Büschel weißer Blüten und passt perfekt zwischen rote Rosen oder als Lückenfüller an Wege, zwischen Pflastersteine oder an den Rand einer Rabatte. Liebt man es vielfarbig, zieht man 'Snow Crystals' zusammen mit den beliebten Sorten der Easter-Bonnet-Serie, die rötlich purpurfarbene Blüten hat, oder mit 'New Purple'. Säen Sie im Spätfrühling in Töpfe oder an Ort und Stelle aus, und setzen die Pflanzen in leichten, stark durchlässigen Boden.

WEITERE SORTEN: 'Navy Blue' (sehr kompakt; tief purpurfarbene Blüten); 'Wonderland Rose' (rosafarbene Blüten).

PFLANZENPROFIL

HÖHE 25 cm

BREITE 25 cm

STANDORT Sonne

BODEN durchschnittlich, Stark durchlässig

WINTER völlig winterhart

BLÜTE Sommer

PAPIERARTIGE SAMEN

Die hauchdünnen, durchsichtigen Samenkapseln wirken gut als Schmuck oder Trockenblumen-Arrangements.

L

Lunaria annua 'Variegata' Einjähriges Silberblatt

SIE IST EINE UNENTBEHRLICHE EINJÄHRIGE für Bauerngärten und sät sich reichlich selbst im Garten aus. Das Einjährige Silberblatt ist eine extrem nützliche, hoch wachsende Pflanze für den Garten im Frühjahr, und 'Variegata' mit seinem ungezwungenen, duftigen Anblick und den grün-weißen Blättern ist ein wirkungsvoller Partner für Narzissen. Die Samenbehälter sind hauchdünn wie Papier und machen sich gut in Trockenblumen-Arrangements. Entfernen Sie die Samenbehälter, wenn die grüne Farbe verblasst, und hängen Sie sie an einem kühlen, trockenen, luftigen Platz auf. Die Samen werden im Frühsommer an Ort und Stelle ausgesät.

WEITERE SORTEN: *L. annua* var. *albiflora* (weiße Blüten); 'Munstead Purple' (tiefrot-purpurfarbene Blüten).

PFLANZENPROFIL

HÖHE 90 cm

BREITE 30 cm

STANDORT Sonne oder Halbschatten

BODEN fruchtbar, feucht, aber stark durchlässig

WINTER völlig winterhart

BLÜTE Spätfrühling und Sommer

L

Lupinus nanus 'Pixie Delight' Lupine

IM VERGLEICH ZU DEN ÜBRIGEN herkömmlichen Lupinen, die etwa 90 cm hoch werden, gehört 'Pixie Delight' zu den niedrigen und buschigen Sorten. Es gibt sie in vielen attraktiven Farben, viele davon auch mit zweifarbigen Blüten. Man kann sie einzeln in Lücken in Rabatten pflanzen oder als eindrucksvolle Gruppen. Die Blätter gleichen einer offenen Hand, deren Finger nach außen und oben gebogen sind. Die Samen (24 Stunden einweichen) werden im Frühjahr oder Herbst in Töpfen ausgesät und die Setzlinge in leicht saurer, leichter, stark durchlässiger Erde gezogen.

WEITERE SORTE: *L. luteus* 'Yellow Javelin' (erbsenähnliche, hell goldgelbe Blüten).

PFLANZENPROFIL

HÖHE 50 cm

BREITE 23 cm

STANDORT Sonne oder Halbschatten

BODEN leicht sauer, durchschnittlich, stark durchlässig

WINTER völlig winterhart

BLÜTE Sommer

Lupinus texensis Lupine

L

DIE AUS BAUERNGÄRTEN GUT BEKANNTEN LUPINEN haben senkrechte, kerzenähnliche Blütenstände, die bis zu 60 cm hoch sind und gleichsam aus den Blättern emporzuschießen scheinen. *L. texensis* ist etwas anders, weil die ganze Pflanze mehr in die Breite und buschig wächst. Ihre Blütentrauben sind kürzer – sie sind etwa 8 cm lang – und stehen dichter beieinander. Beide Varianten haben die gleichen auffälligen Blätter, die einer offenen Hand gleichen. Die Samen (24 Stunden einweichen) werden in Töpfe im Frühjahr oder Herbst ausgesät. Die Pflanzen benötigen leicht sauren, leichten, stark durchlässigen Boden.

WEITERE SORTE: *L. mutabilis* (erbsenähnliche Blüten, blasspurpurblaue Schiffchen, gelbe Fahne, tiefblaue Flügel).

PFLANZENPROFIL
HÖHE 30 cm
BREITE 23 cm
STANDORT Sonne oder Halbschatten
BODEN leicht sauer, durchschnittlich, stark durchlässig
WINTER völlig winterhart
BLÜTE Sommer

M

Malcolmia maritima Strand-Levkoje

DIESE MEDITERRANE EINJÄHRIGE ist es wert, in Kiesgärten, Gärten an der Küste oder in Lücken im Pflaster gepflanzt zu werden, wo sie mit ihren vierzähligen Blüten einen hübschen Anblick bietet. Die Blüten erscheinen den ganzen Sommer über, und ein kleines, für einen Strauß gepflücktes Büschel verströmt einen sanften, süßen Duft. Sie müssen anfangs nur ein paar wenige Pflanzen kultivieren, weil sie sich reichlich selbst aussäen und schnell dichte Gruppen bilden. Säen Sie die Samen ab dem späten Frühjahr an Ort und Stelle aus, und ziehen Sie die Pflanzen in durchschnittlicher, stark durchlässiger Erde. Wenn möglich, sollte sie zur Mittagszeit etwas beschattet werden.

WEITERE SORTE: Compacta-Serie (weiße, rosa- oder purpurfarbene Blüten).

PFLANZENPROFIL
HÖHE 40 cm
BREITE 15 cm
STANDORT Sonne
BODEN durchschnittlich, stark durchlässig
WINTER völlig winterhart
BLÜTE Frühjahr bis Herbst

Malope trifida Trichtermalve

M

DIE EINJÄHRIGE TRICHTERMALVE sieht ein bisschen wie eine niedrige, buschige Stockrose aus und ist eine sehr nützliche Pflanze für Bauerngärten. Sie hat gerade die richtige Höhe für die Mitte einer Rabatte und passt mit ihren 23 cm Breite auch in schmalste Ritzen. Die Blüten und Blätter sind groß genug, um Eindruck zu machen; die Blüten werden 5-8 cm breit und die Blätter bis zu 10 cm lang. Die Samen werden im zeitigen Frühjahr unter Glas oder zur Frühjahrsmitte an Ort und Stelle in durchschnittlichen, feuchten, aber stark durchlässigen Boden ausgesät.

WEITERE SORTEN: 'Rosea' (rosenrote Blüten); 'Vulcan' (leuchtend magentarote Blüten); 'White Queen' (rein weiße Blüten).

PFLANZENPROFIL
HÖHE 90 cm
BREITE 23 cm
STANDORT Sonne
BODEN durchschnittlich, feucht, aber stark durchlässig
WINTER völlig winterhart
BLÜTE Sommer bis Herbst

M

Matricaria recutita Echte Kamille

DIE BLÜTEN DER ECHTEN KAMILLE duften weniger als die der Römischen Kamille (*Chamaemelum nobile*), doch sie sollen beruhigend sein, Entzündungen hemmen, Kopfschmerzen lindern und Reisekrankheit beheben – aber probieren Sie sie auf eigenes Risiko. Sicher ist, dass die kleinen, gänseblümchenähnlichen Blüten und das fein geteilte Laub sie zu einer niedlichen Blume für Bauern- oder Wildblumengärten machen. Säen Sie die Samen zur Frühjahrsmitte an Ort und Stelle in durchschnittliche, stark durchlässige Erde. Wenn sie sich einmal ausgebreitet hat, sät sie sich selbst aus und versorgt Sie sicher mit vielen jungen Pflanzen.

PFLANZENPROFIL

HÖHE 50 cm

BREITE 30 cm

STANDORT Sonne

BODEN durchschnittlich, stark durchlässig

WINTER völlig winterhart

BLÜTE Spätfrühling bis Spätsommer

Matthiola incana Cinderella-Serie Levkoje

M

ES GIBT VIELE FARBENPRÄCHTIGE, nach Gewürznelken duftende Sorten von *M. incana*, aber die Cinderella-Serie verdient einen Platz ganz oben auf der Liste. Die niedrigen Pflanzen ziehen mit ihren höchst attraktiven gefüllten Blüten die Blicke auf sich und sind gerade richtig für den Rand einer Rabatte in einem Bauerngarten, wo sie hübsch aufrecht stehen. Die Samen der Cinderella-Serie werden im zeitigen Frühjahr unter Glas ausgesät und die Setzlinge an einem geschützten Platz in durchschnittlicher, feuchter, aber stark durchlässiger, neutraler bis leicht saurer Erde gezogen.

WEITERE SORTEN: Legacy-Serie (Blüten in Scharlachrot, Karmesinrot, Rosarot, Lavendelblau, Weiß und Cremegelb); Midget-Serie (Blüten in einer Reihe von Pastelltönen und in satteren Tönen).

PFLANZENPROFIL
HÖHE 25 cm
BREITE 25 cm
STANDORT Sonne
BODEN neutral bis leicht basisch, durchschnittlich, feucht, aber stark durchlässig
WINTER völlig winterhart
BLÜTE Spätfrühling bis Sommer

M

Matthiola longipetala ssp. *bicornis* Abendlevkoje

DIESE LEVKOJE IST EINE ABSOLUT UNVERZICHTBARE Einjährige. Sie ist eine kleine, nicht zu auffällige Pflanze, die abends einen süßen, berauschenden Duft verströmt. Pflanzen Sie sie in Blumenkästen unterhalb der Fenster und in Töpfen dort, wo immer Sie gegen Abend in Ihrem Garten sitzen. Das einzige große Problem sind die Schnecken – geben Sie ihnen eine Chance, werden sie die jungen Stängel im selben Moment, in dem sie erscheinen, abfressen. Die Samen werden nach und nach ab dem Frühjahr an Ort und Stelle an einem geschützten Platz in durchschnittliche, feuchte, aber stark durchlässige, neutrale bis basische Erde ausgesät.

WEITERE SORTE: *M. incana* (süß duftend; Blüten malvenfarben, purpur, violett, rosa oder weiß).

PFLANZENPROFIL

HÖHE 35 cm

BREITE 23 cm

STANDORT Sonne

BODEN neutral bis leicht basisch, durchschnittlich, feucht, aber stark durchlässig

WINTER völlig winterhart

BLÜTE Sommer

Maurandya barclayana (syn. *Asarina barclaiana*)

DIE KLETTERNDEN, WINDENDEN, kräftigen Stängel von *M. barclayana* schießen im Sommer schnell in die Höhe und bilden Massen von an Fingerhut erinnernden, trichterförmigen Blüten, gewöhnlich mit weißem Schlund. Sie ist viel zu zart, um unsere Winter zu überleben, kann aber leicht im Frühjahr aus Samen gezogen werden. Sie produziert viele Blätter und ist, an Pergolen, Schuppen oder waagrechten Drähten an einer geschützten Wand gezogen, ein farbenprächtiger Anblick. Eine gute Alternative ist die fast identische *Asarina lophospermum*. Die Samen werden im Frühjahr unter Glas ausgesät und die Setzlinge in durchschnittliche, feuchte, aber stark durchlässige Erde gepflanzt.

PFLANZENPROFIL

HÖHE 5 m

STANDORT Sonne

BODEN durchschnittlich, feucht, aber stark durchlässig

WINTER bedingt frosthart

BLÜTE Sommer bis Herbst

M

Mentzelia lindleyi Goldfaden

DIE KLEINEN GOLDGELBEN BLÜTEN von *Mentzelia lindleyi* leuchten wie Sterne. Sie öffnen sich im Frühsommer und sind wirklich nicht zu übersehen. Ein zweite Blüte erreichen sie, wenn Sie die Pflanzen auf 5 cm über dem Boden zurückschneiden, sobald die ersten Blüten verwelkt sind. So wird ein kräftiger Neuaustrieb angeregt. Die Blüten sehen besonders attraktiv vor dem Hintergrund der schmalen graugrünen Blätter aus. Pflanzen Sie *M. lindleyi* nahe einer Tür oder unter ein Fenster, weil sie am Abend einen köstlichen Duft verströmt. Säen Sie die Samen im Frühjahr an Ort und Stelle in durchschnittlichen, gut durchlässigen Boden an einen geschützten Platz. Wässern Sie sie kräftig, damit sie gut gedeiht.

PFLANZENPROFIL
HÖHE 70 cm
BREITE 23 cm
STANDORT volle Sonne
BODEN durchschnittlich, stark durchlässig
WINTER völlig winterhart
BLÜTE Sommer

Mimosa pudica Sinnpflanze

M

DIES IST DIE BERÜHMTE PFLANZE, deren Blätter man nur sanft streifen muss, und sie reagiert sofort, indem sie ihre wie die Finger einer Hand gespreizten Blätter zusammenfaltet und schließt. Es dauert dann etwa eine Stunde, bis sich die Blätter wieder aufklappen. Sie schließen sich auch über Nacht und öffnen sich am Morgen wieder. Die Sinnpflanze stammt aus dem tropischen Amerika, und die meisten Menschen sind überrascht, dass sie leicht als Einjährige in einem warmen Wintergarten zu kultivieren ist. Säen Sie die Samen an einem sonnigen Fensterbrett bei etwa 18 °C in Töpfe aus, die auf einem Kiesbett in einer Plastikschale stehen. Sorgen Sie dafür, dass die Schale bis zum Kies mit Wasser gefüllt ist, weil die Pflanze eine sehr hohe Luftfeuchtigkeit braucht. Sie ist außerdem sehr empfindlich und überlebt kalte Nächte im Freien nicht.

PFLANZENPROFIL
HÖHE 75 cm
BREITE 90 cm
STANDORT volle Sonne
WINTER Minimum 13 °C
BLÜTE Sommer

M

Mimulus 'Malibu' Gauklerblume

WENN SIE AUFFÄLLIGE, FARBENPRÄCHTIGE EINJÄHRIGE als Lückenfüller oder farbige Blickpunkte lieben, sollten Sie die Gauklerblume kultivieren. Alle Sorten haben faszinierende zweilippige Blüten, und es gibt sie in vielen Farben (viele sind auch zweifarbig). Sie fühlen sich in feuchtem Boden und im Schatten wohl (die meisten Einjährigen brauchen volle Sonne), und einige blühen schon acht Wochen nach der Aussaat. 'Malibu' ist niedrig und kompakt und kann am Rand eines Beets oder in Gefäßen gezogen werden. Säen Sie sie Samen im Frühjahr unter Glas, und setzen Sie die Pflanzen in fruchtbaren, feuchten Boden.

WEITERE SORTE: 'Calypso' (einfarbige, zweifarbige und gefleckte Blüten in vielen Farben).

PFLANZENPROFIL
HÖHE 15 cm
BREITE 15 cm
STANDORT Sonne oder leicht lichter Schatten
BODEN fruchtbar, feucht
WINTER völlig winterhart
BLÜTE Sommer

M

Mirabilis jalapa Wunderblume

DIE FASZINIERENDE WUNDERBLUME hat drei Haupteigenschaften: Erstens hält sie ihre Blüten an sonnigen Tagen bis zum späten Nachmittag geschlossen (an bewölkten Tagen öffnet sie sie den ganzen Tag über). Zum zweiten haben die Blüten den Duft frischer Zitronen. Und drittens kann jede Pflanze jederzeit Blüten in verschiedenen Farben (Rot, Rosa, Magenta, Gelb oder Weiß) haben, einige sind sogar gestreift. Kein Wunder, dass sie auch »Wunder von Peru« genannt wird. Die Samen werden im zeitigen Frühjahr ausgesät, oder Sie kaufen die zwiebelähnlichen Knollen und pflanzen sie in durchschnittliche, gut durchlässige Erde. Wässern sie während der Wachstumsperiode gut. Im Herbst werden die Knollen vor dem ersten Frost ausgegraben und den Winter über in Töpfen in einem frostfreien Gewächshaus aufbewahrt.

PFLANZENPROFIL
HÖHE 60 cm
BREITE 60 cm
STANDORT Sonne
BODEN durchschnittlich, gut durchlässig
WINTER frosthart
Blüte Sommer

M

Moluccella laevis Muschelblume

DIE MUSCHELBLUME IST WITZIG und doch elegant, sie passt perfekt in Bauerngärten. Die aufrechten Blütenstände werden von tief muschelförmigen Blättern gekrönt, und im Spätsommer umgeben und umfangen blassgrüne Kelche (blattähnliche Gebilde an der Basis der Blüte, die die Knospe schützen) die kleinen Blüten tief in ihrem Inneren. Sie sind hübsch in Blumensträußen, aber nehmen Sie Ihre Finger vor den fünf scharfen Dornen in der Nähe des Kelchs in Acht! Die Anzucht aus Samen ist schwierig, am besten kühlt man sie für fünf Tage im Kühlschrank, weicht sie über Nacht in lauwarmem Wasser ein und sät sie dann aus. Die Samen brauchen zum Keimen Licht und sollten auf die Erdoberfläche gestreut und nicht mit Erde bedeckt werden. Haben Sie Geduld, sie brauchen lange, bis sie keimen.

PFLANZENPROFIL

HÖHE 90 cm

BREITE 23 cm

STANDORT Sonne

BODEN durchschnittlich, feucht, aber gut durchlässig

WINTER bedingt frosthart

BLÜTE Spätsommer

Monopsis MIDNIGHT ('Yagemon')

M

MONOPSIS IST EINE GUTE WAHL FÜR HÄNGEKÖRBE, mit reichlich kriechenden Stängeln, die in der vollen Sonne oder im lichten Schatten mit lange haltbaren Blüten bedeckt sind. Diese Pflanze kann auch in Töpfen, am Rand einer Rabatte oder am Wegrand kultiviert werden, wo ihre über den Boden kriechenden Triebe und das dichte Laub den Eindruck des harten Pflasters mildern. Vermehren Sie sie im Sommer mit Stecklingen, und ziehen Sie diese in fruchtbarer, stark durchlässiger Erde an.

PFLANZENPROFIL
HÖHE 15 cm
BREITE 45 cm
STANDORT Sonne oder lichter Schatten
BODEN fruchtbar, stark durchlässig
WINTER Minimum 5 °C
BLÜTE Sommer

M

Myosotis sylvatica 'Music' Vergissmeinnicht

VERGISSMEINNICHT SIND NIEDRIG, leicht zu kultivieren und säen sich selbst aus. Deshalb sind sie die wichtigsten Frühjahrspflanzen und ideal, um einen Farbteppich in den Garten zu zaubern. Die Blüten bieten die Möglichkeit für gelungene Kombinationen, zwei der allerbesten sind Vergissmeinnicht zwischen leuchtend gelben 'West Point'-Tulpen oder gemischt mit Narzissen. Sie können auch für jede Lücke am Rand einer Rabatte genutzt werden. 'Music' übertrifft viele andere Vergissmeinnicht, weil sie hoch wächst; die meisten Pflanzen sind über 15 cm groß. Säen Sie die Samen im zeitigen Frühjahr in Töpfe ins Frühbeet aus.

WEITERE SORTEN: 'Blue Bell' (azurblaue Blüten); 'Pompadour' (kompakt und ballförmig; große, tief rosarote Blüten).

PFLANZENPROFIL

HÖHE 25 cm

BREITE 15 cm

STANDORT Sonne oder Halbschatten

BODEN durchschnittlich bis mager, feucht, aber stark durchlässig

WINTER völlig winterhart

BLÜTE ab dem Frühjahr

Nemesia strumosa 'Prince of Orange' Nemesia

N

SIE IST SEIT JEHER EINE TYPISCHE PFLANZE der Bauerngärten. Die zweilippige *Nemesia strumosa* erfüllt den Garten in der zweiten Hälfte des Sommers mit ihren leuchtenden Farben. Kombinieren Sie die purpurn geäderte 'Prince of Orange' mit der scharlachroten 'Fire King' oder mit kontrastreichen kühleren Farben wie denen der hellblauen 'Blue Gem'. Alle sind gute Schnittblumen. Die Samen werden vom zeitigen bis späten Frühjahr unter Glas ausgesät und die Setzlinge in leicht saurer, feuchter, stark durchlässiger Erde gezogen.

WEITERE SORTEN: Carnical-Serie (Blüten purpurn geädert, gelb, rot, bronze-gelb, orange, rosa oder weiß); 'Danish Flag' (zweifarbige rote und weiße Blüten); 'National Ensign' (eine zweifarbige Sorte mit tiefrosaroten und weißen Blüten).

PFLANZENPROFIL
HÖHE 20 cm
BREITE 15 cm
STANDORT Sonne
BODEN leicht sauer, durchschnittlich, feucht, aber stark durchlässig
WINTER bedingt frosthart
BLÜTE Mitt- bis Spätsommer

N

Nemophila maculata Hainblume

JEDES DER FÜNF WEISSEN BLÜTENBLÄTTER dieser Pflanze trägt einen auffälligen blauvioletten Fleck. Die Blütenblätter der schalenförmigen Blüten sind oft leicht geädert oder malvenfarben überhaucht. Die Hainblume ist eine kleine Pflanze, sie hat unbestritten Charme, weshalb sie so populär geworden ist. Sie wird oft mit der hellblauen Gefleckten Hainblume (*N. menziesii*) verwechselt, die keine Flecken hat. Beide sind es wert, gepflanzt zu werden. Säen Sie die Samen im Frühjahr an Ort und Stelle aus – wenn sie sich einmal breit gemacht haben, säen sie sich selbst aus. Sie benötigen fruchtbare, feuchte, aber stark durchlässige Erde.

WEITERE SORTE: *N. menziesii* (hellblaue Blüten mit dunkelblauer Zeichnung und heller Mitte).

PFLANZENPROFIL

HÖHE 30 cm

BREITE 30 cm

STANDORT Sonne oder Halbschatten

BODEN fruchtbar, feucht, stark durchlässig

WINTER halb frosthart

BLÜTE Sommer

Nemophila menziesii 'Penny Black' Gefleckte Hainblume

MIT IHREN KLEINEN, HIMMELBLAUEN BLÜTEN ist die Gefleckte Hainblume eine gute Wahl für Gefäße, Steingärten und als Randbepflanzung. Wenn Sie es etwas dramatischer lieben, sollten Sie 'Penny Black' pflanzen. Sie hat dunkel purpurfarbene (fast schwarze) Blüten mit weißem Rand. Kombinieren Sie sie mit der rein weißen 'Snowstorm', und Sie bekommen ein eindrucksvolles Bild in einer Rabatte im Bauerngarten. Die Samen werden im Frühjahr an Ort und Stelle in fruchtbare, feuchte, aber stark durchlässige Erde ausgesät. Wenn sie sich eingelebt haben, säen sich die Pflanzen selbst aus.

WEITERE SORTEN: *N. menziesii* subsp. *atromaria* (weiße Blüten mit dunklen oder dunkel purpurfarbenen Flecken); 'Oculata' (blassblaue Blüten mit tief purpurfarbener Mitte).

PFLANZENPROFIL
HÖHE 20 cm
BREITE 30 cm
STANDORT Sonne oder Halbschatten
BODEN fruchtbar, feucht, aber stark durchlässig
WINTER völlig winterhart
BLÜTE Sommer

N

Nicandra physalodes Giftbeere

DIE GIFTBEERE IST REICH VERZWEIGT und rasch wüchsig. Sie stammt aus Südamerika, hat runde grüne Beeren und ist ein sehr gutes Abwehrmittel gegen Fliegen. Die Blüten mit der weißen Kehle halten nicht lange, werden aber rasch ersetzt, sodass die Blütezeit bis zum Ende des Herbstes andauert. Auf die Blüten folgen die Früchte, die in papierähnlichen Hüllen versteckt sind. Die Samen sät man im Frühjahr unter Glas und pflanzt die Setzlinge im Freiland in fruchtbare, feuchte, stark durchlässige Erde. An trockenen Standorten gut gießen.

WEITERE SORTE: 'Violacea' (indigoblaue und weiße Blüten).

PFLANZENPROFIL

HÖHE 90 cm

BREITE 30 cm

STANDORT Sonne

BODEN fruchtbar, feucht, aber stark durchlässig

WINTER völlig winterhart

BLÜTE Sommer bis Herbst

N

Nicotiana 'Havanna Apple Blossom' Ziertabak

DIE STÄRKE DER HAVANNA-SERIE ist, dass diese Pflanzen kompakt sind – sie sind ein ganzes Stück kürzer als die 1,5 m hohen Rispen von *N. sylvestris*. 'Havanna Apple Blossom' hat Büschel von rosa überhauchten weißen Blüten, die Unterseite der Blütenblätter ist etwas kräftiger rosa. Die Pflanzen werden wegen ihrer Fähigkeit geschätzt, sowohl Hitze als auch nasses Wetter auszuhalten, und sie gedeihen sowohl in Rabatten als auch in Gefäßen verlässlich gut. Die Samen sät man vom zeitigen Frühjahr bis zur Frühjahrsmitte unter Glas aus und kultiviert die Pflanzen im Freiland.

WEITERE SORTE: Domino-Serie (Blüten in Rot, Weiß, Karmesinrot, Lindgrün, Rosa mit weißem Auge, Purpur, Purpur mit weißem Auge, Lachsrosa oder Weiß mit rosaroten Flecken).

PFLANZENPROFIL
HÖHE 35 cm
Breite 40 cm
STANDORT Sonne oder Halbschatten
BODEN fruchtbar, feucht, aber gut durchlässig
WINTER bedingt frosthart
BLÜTE Sommer bis Herbst

N

Nicotiana langsdorffii Ziertabak

IM SOMMER SIND DIE APFELGRÜNEN, bis zu 5 cm langen Trichterblüten von *N. langsdorffii* eine erfrischende Abwechslung zu den intensiver, meist leuchtend bunt gefärbten Einjährigen. Dies ist ganz bestimmt nicht eine dieser schreienden Hingucker-Pflanzen, doch ihr zurückhaltender Charme ruft sicher Entzücken hervor. Die unten verzweigten Stängel sind klebrig und behaart. Säen Sie die Samen zur Frühjahrsmitte unter Glas aus, und pflanzen Sie die Setzlinge im Freiland in fruchtbare, feuchte, aber gut durchlässige Erde.

WEITERE SORTE: *N. alata* (röhrenförmige, grünlich gelbe Blüten mit trichterförmiger, innen weißer Öffnung).

PFLANZENPROFIL

HÖHE 1,5 m

BREITE 35 cm

STANDORT Sonne oder Halbschatten

BODEN fruchtbar, feucht, aber gut durchlässig

WINTER bedingt frosthart

BLÜTE Sommer bis Herbst

Nicotiana 'Lime Green' Ziertabak

N

DAS FRISCHE GRÜN DER BLÜTEN von 'Lime Green' besticht in jeder sommerlichen Rabatte. Verwenden Sie sie, um blattreiche, mittelgrüne Zonen einer Rabatte hervorzuheben oder um eine Verbindung zu Zonen mit stärkeren, satteren Farben zu schaffen. Sie ist buschig und reich verzweigt und sieht am besten am Rand einer Rabatte aus. Außerdem ist sie eine nette Abwechslung zu der traditionellen, weiß blühenden *N. sylvestris*, aber ihr Duft, den sie nachts verströmt, ist nicht ganz so stark. Man sät zur Frühjahrsmitte unter Glas aus und setzt die Pflanzen im Freien in fruchtbare, feuchte, aber gut durchlässige Erde.

WEITERE SORTE: *N. sylvestris* (süß duftende, lange, trompetenförmige weiße Blüten).

PFLANZENPROFIL
HÖHE 60 cm
BREITE 25 cm
STANDORT Sonne oder Halbschatten
BODEN fruchtbar, feucht, aber gut durchlässig
WINTER bedingt frosthart
BLÜTE Mittsommer bis Herbst

N

Nierembergia scoparia 'Mont Blanc'

DIESES JUWEL EINER PFLANZE ist eine Staude aus Südamerika, wird bei uns aber als Einjährige kultiviert. Die schalenförmigen weißen Blüten mit einem auffälligen gelben Auge sehen aus, als ob sie auf dem leuchtend grünen, spitzen Laub dahintreiben würden. Gemessen an ihrer Schönheit wird sie in Gartenbüchern erstaunlich selten erwähnt. Pflanzen Sie sie an den Rand einer Rabatte oder in den Steingarten. Die Samen sät man im Frühjahr unter Glas aus und pflanzt die Setzlinge im Freiland in feuchte, aber gut durchlässige Erde. Um die alljährliche Aussaat zu vermeiden, sollte man im Sommer Stecklinge schneiden und sie im Wintergarten oder einem beheizten Gewächshaus überwintern.

WEITERE SORTE: 'Purple Robe' (violettblaue Blüten).

PFLANZENPROFIL

HÖHE 20 cm

BREITE 20 cm

STANDORT Sonne

BODEN feucht, aber gut durchlässig

WINTER bedingt frosthart

BLÜTE Sommer

Nigella damascena 'Miss Jekyll' Jungfer im Grünen

DIE HIMMELBLAUE 'MISS JEKYLL' ist immer noch eine der besten Sorten der Jungfer im Grünen. Die Pflanze verbreitet ein duftiges Bauerngarten-Feeling mit ihren nadeldünnen Blättern und den gefüllten Blüten, die als langlebige Schnittblumen dienen. Die Samenkapseln können ebenfalls abgeschnitten und getrocknet werden. Übrigens: Der Name ist nicht poetisch, sondern ein bildlicher Euphemismus für einen weiblichen Körper. Säen Sie die Samen zur Frühjahrsmitte oder im Herbst an Ort und Stelle in gut durchlässigen Boden. Wenn sie sich ausgebreitet haben, säen sie sich zuverlässig selbst aus.

WEITERE SORTEN: 'Mulberry Rose' (Blüten rosa); 'Oxford Blue' (große gefüllte, dunkelblaue Blüten); 'Shorty Blue' (dunkle, violettblaue Blüten mit dekorativen Samenkapseln).

PFLANZENPROFIL
HÖHE 45 cm
BREITE 23 cm
STANDORT Sonne
BODEN gut durchlässig
WINTER völlig winterhart
BLÜTE spätes Frühjahr bis Frühsommer

SAMENGEWINNUNG

Zerdrücken Sie die reife Samenkapsel und geben Sie den Inhalt durch ein Sieb.

N

Nigella damascena Persian-Jewel-Serie Jungfer im Grünen

DIE JUNGFER IM GRÜNEN WÄCHST an steinigen Plätzen und Brachflächen in Europa und Nordafrika, aber sie sieht auch in den Bauerngärten Mittel- und Nordwesteuropas fantastisch aus, wo sie als schlanke, sehr aufrechte, rasch wüchsige Einjährige kultiviert wird. Die einzelnen Blütenköpfe der Persian-Jewel-Serie sind himmelblau, tief violettblau, weiß, rosarot oder tiefrosa und jeweils von einer zerzausten hellgrünen »Halskrause« umgeben. Die Blätter, die ebenfalls hellgrün sind, sind oval und fein zerteilt. Die Samen sät man zur Frühjahrsmitte an Ort und Stelle in gut durchlässigen Boden.

WEITERE SORTEN: *N. damascena* (blassblaue Blüten, später himmelblau); *N. hispanica* 'Curiosity' (Blüten duftend, untertassenförmig, hellblau); *N. orientalis* 'Transformer' (einzelne gelbe Blüten).

PFLANZENPROFIL

HÖHE 40 cm

BREITE 23 cm

STANDORT Sonne

BODEN gut durchlässig

WINTER völlig winterhart

BLÜTE Spätfrühling bis Frühsommer

Nolana paradoxa 'Blue Bird' Glockenwinde

N

DIE TROMPETENFÖRMIGEN BLÜTEN von 'Blue Bird' sind Sonnenanbeter und haben die Gewohnheit, sich zu schließen, wenn der Himmel grau ist. Sie sind meist dunkelblau (manchmal auch purpurn oder purpurblau) und haben eine weiße Kehle, die weiter innen gelb wird. Am besten wirken sie, wenn man sie in Gruppen zwischen Fleißige Lieschen oder andere auffällige einjährige Sommerblumen pflanzt oder wenn man eine Statue oder ein Gefäß mit einem Ring aus ihren blauen Blüten umgibt. Die Samen werden im zeitigen Frühjahr unter Glas ausgesät und die Pflanzen im Freiland in durchschnittlicher Erde kultiviert.

WEITERE SORTE: *N. humifusa* 'Little Bells' (lila-blaue Blüten mit breiter weißer Kehle, lila-blau gestreift).

PFLANZENPROFIL
HÖHE 20 cm
BREITE 60 cm
STANDORT Sonne
BODEN durchschnittlich
WINTER bedingt frosthart
BLÜTE Sommer

KRÄUTERMIX

Kombinieren Sie 'Dark Opal' mit einer grünen Basilikumart – das bringt schöne Effekte.

O

Ocimum basilicum var. *purpurascens* 'Dark Opal' Basilikum

SPEZIAL-GÄRTNEREIEN BIETEN IN IHREN KALALOGEN jetzt etwa 20 verschiedene Sorten Basilikum an. 'Dark Opal' ist eine ganz besonders attraktive Sorte mit rot-purpurfarbenen Blättern – sie kann gut in der Küche verwendet werden, ist aber auch eine hübsche Blattpflanze zwischen verschiedenen Einjährigen. Sobald sich der Boden zu Beginn des Sommers aufgewärmt hat, sät man die Samen von 'Dark Opal' an Ort und Stelle aus. Schützen Sie die Keimlinge mit Netzen vor Tauben. Entfernen Sie Blütenknospen, sobald sie erscheinen, damit die Blätter keinen bitteren Geschmack entwickeln.

WEITERE SORTEN: 'Genovese' (traditionelles italienisches Basilikum mit großen Blättern); 'Green Ruffles' (Blätter mit gekräuseltem Rand); 'Purple Ruffles' (gefranste, purpurfarbene Blätter).

PFLANZENPROFIL

HÖHE 60 cm

BREITE 30 cm

STANDORT Sonne

BODEN leicht, fruchtbar, gut durchlässig

WINTER bedingt frosthart

BLÜTE Spätsommer

Oenothera biennis Gewöhnliche Nachtkerze

O

DIE GEWÖHNLICHE NACHTKERZE ist ein Muss in jedem Garten, speziell aber im Bauern- und Wildblumengarten. Sie ist nicht zu groß, locker verzweigt und hat leuchtend gelbe Blüten, die am Abend einen wundervollen Duft verströmen. Säen Sie die Samen im Herbst an Ort und Stelle in durchschnittliche Erde, und wässern Sie sie im Sommer gut. Wenn sie sich einmal ausgebreitet haben, säen sie sich zuverlässig selbst aus, und neue Pflänzchen werden an den überraschendsten Plätzen auftauchen.

WEITERE SORTEN: *O. albicaulis* (Blüten ausgebreitet, tassenförmig, duftend); *O. deoltoides* (Blüten weiß, dann rosa); *O. caespitosa* (kleiner, duftend); *O. fruticosa* (Blüten tiefgelb); *O. stricta* (kleiner, duftend).

PFLANZENPROFIL
HÖHE 1,5 m
BREITE 60 cm
STANDORT Sonne
BODEN mager bis leicht fruchtbar, stark durchlässig
WINTER völlig winterhart
BLÜTE Sommer bis Herbst

O

Omphalodes linifolia Leinblättriges Gedenkemein

WENN SIE *GYPSOPHILA* LIEBEN, sollten Sie auch *O. linifolia* pflanzen. Wie *Gypsophila* produziert es duftige Schleier von kleinen weißen Blüten in der ersten Hälfte des Sommers. Ein Plus ist der leichte Duft. Gelegentlich erscheinen ganz blassblaue Blüten. Die zarten Stängel und schmalen, lanzettförmigen Blätter sind zartgrün. Sie können die Blütezeit verlängern, wenn Sie die Samen in zwei Schüben aussäen: die ersten im Herbst, sie blühen im Frühjahr; die zweiten im Frühjahr, sie beginnen dann zu blühen, wenn die ersten gerade ausgeblüht haben. Säen Sie die Samen an Ort und Stelle in durchschnittliche, gut durchlässige Erde aus. Diese Pflanze sät sich zuverlässig selbst aus.

PFLANZENPROFIL

HÖHE 40 cm

BREITE 15 cm

STANDORT Sonne

BODEN durchschnittlich, gut durchlässig

WINTER völlig winterhart

BLÜTE Frühjahr bis Sommer

Onopordum acanthium Gewöhnliche Eselsdistel

O

DIESE RIESIGE DISTEL, DIE AUS DEM BODEN ENTSPRINGT, ist eine der eindrucksvollsten Pflanzen im sommerlichen Garten. Sie ist eine Strukturpflanze in großem Maßstab mit einem aufrechten Stängel in der Mitte, der die breiten Triebe mit graugrünen, dornigen, bis 35 cm langen Blättern trägt. Geben Sie ihr genug Platz zum Wachsen und Ausbreiten. Die meisten Menschen sind von ihren Blättern und Stängeln so beeindruckt, dass sie die blass purpurfarbenen oder weißen Blüten gar nicht mehr wahrnehmen, weil sie im Verhältnis viel kleiner sind. Säen Sie die Samen im Herbst oder Frühjahr an Ort und Stelle in einen Wildgarten oder ein Beet mit magerer Erde aus.

WEITERE SORTE: *O. nervosum* (distelähnlich; leuchtend purpurrote bis purpurrosa Blüten).

PFLANZENPROFIL
HÖHE 3 m
BREITE 1 m
STANDORT Sonne
BODEN neutral bis leicht basisch, fruchtbar, gut durchlässig
WINTER völlig winterhart
BLÜTE Sommer

O

Orychophragmus violaceus

O. VIOLACEUS IST EINE SCHWER ZU FINDENDE, selten kultivierte Einjährige. Sie leistet ihren Beitrag zu Pflanzungen am Rand einer Bauerngartenrabatte oder in einem schmückenden Pflanzgefäß. Die violetten Blüten sind bis zu 2,5 cm breit. Die Blätter an der Basis der Pflanze sind grundständig, die Blätter weiter oben umfassen den Stängel. Die Samen sät man im Frühjahr oder im Frühsommer an Ort und Stelle in stark durchlässige, recht gute Erde an einem sonnigen, geschützten Platz aus, damit sie im nächsten Jahr zeitig im Sommer blühen. Will man sie alternativ als Zimmer- oder Wintergartenpflanze kultivieren, sät man die Samen im Herbst unter Glas aus.

PFLANZENPROFIL

HÖHE 60 cm

BREITE 30 cm

STANDORT Sonne

BODEN fruchtbar, gut durchlässig

WINTER bedingt frosthart

BLÜTE Spätfrühling bis Frühsommer

Osteospermum 'Nairobi Purple' Kapkörbchen

O

DIE OFFENEN, GÄNSEBLÜMCHENÄHNLICHEN BLÜTEN des Kapkörbchens erscheinen die ganze Saison über – sie sind ein fröhlicher Beitrag für den Rand einer Rabatte oder einen Wegrand. Viele haben weiße Blüten mit einem dunklen Auge (zum Beispiel 'Silver Sparkler'), aber 'Nairobi Purple' gehört zu den rosa-malven-magentafarbenen. Sie ist eine der eher zarten Sorten und muss im Herbst eingetopft und im Wintergarten überwintert werden, da Frost oder ein kalter, nasser Boden ihren sicheren Tod bedeuten. Säen Sie im Frühjahr unter Glas aus, und setzen Sie die Pflanzen im Freiland in leichten, durchschnittlichen, gut durchlässigen Boden.

WEITERE SORTE: 'Buttermilk' (primelgelbe Blüten).

PFLANZENPROFIL
HÖHE bis 45 cm
BREITE 90 cm
STANDORT Sonne
BODEN leicht, durchschnittlich, gut durchlässig
WINTER bedingt frosthart
BLÜTE Spätfrühling bis Herbst

P

Panicum capillare Haarästige Rispenhirse

DIE RISPENHIRSE AUS NORDAMERIKA ist ein eher zurückhaltendes als auffälliges Gras – anders als *Stipa gigantea* (Riesenfedergras), das bis zu 2,5 m hoch wird. Die Rispenhirse mit ihren weichen, in lockeren Büscheln stehenden, flachen, lanzettförmigen mittelgrünen Blättern bietet mit ihren kleinen Rispen auf schlanken Stängeln den Anblick duftiger Wolken. Sie ist eine wunderschöne, schleierartige Pflanze für den Rand einer gemischten Rabatte oder in einem kleinen Rasen. Man sät die Samen im Frühjahr an einer warmen Fensterbank oder im Gewächshaus aus und zieht die Pflanzen im Freiland in durchschnittlicher, gut durchlässiger Erde.

PFLANZENPROFIL

HÖHE 90 cm

BREITE 60 cm

STANDORT Sonne

BODEN durchschnittlich, gut durchlässig

WINTER bedingt frosthart

BLÜTE Spätsommer bis Herbst

Panicum miliaceum 'Violaceum' Rispenhirse, Echte Hirse

P

'VIOLACEUM' IST WAHRSCHEINLICH DAS BESTE blühende einjährige Gras und produziert steife, grüne Blütenstände. Diese biegen sich unter ihrem eigenen Gewicht mit der Zeit nach unten und verfärben sich purpurviolett (sie haben dieselbe Farbe wie die Blätter). Damit sie am besten wirken, pflanzt man sie in kleinen Gruppen mit anderen hohen einjährigen Gräsern zusammen. Mit seinen Kolben mit den essbaren Körnern wäre der schlanke, 2,4 m hohe Mais (*Zea mays*) ein ungewöhnlicher Hintergrund für eine Rabatte. Säen Sie die Samen von 'Violaceum' im Frühjahr unter Glas aus, und kultivieren Sie die Setzlinge im Freiland.

WEITERE SORTE: *P. miliaceum* (etwas überhängende, purpurn getönte grüne Blüten in schmalen Rispen).

PFLANZENPROFIL

HÖHE 90 cm

BREITE 23 cm

STANDORT Sonne

BODEN durchschnittlich, gut durchlässig

WINTER völlig winterhart

BLÜTE Spätsommer

P

Papaver commutatum 'Ladybird' Mohn

'LADYBIRD' IST LEICHT ZU KULTIVIEREN und mit ihren schalenförmigen, karmesinroten Blüten mit einem dicken schwarzen Fleck am Grund jedes Blütenblatts ein prächtiger Anblick. Die 8 cm breiten Blüten sitzen auf langen, dünnen Stängeln. Es ist immer mehr eine Freude als eine Last, wenn eine so hübsche Pflanze wie diese sich selbst aussät und so eine dauerhafte Versorgung mit Blüten garantiert. Säen Sie die Samen im Frühjahr an Ort und Stelle aus. In der Natur wächst ihre Mutterpflanze *P. commutatum* an trockenen, steinigen Plätzen, und 'Ladybird' gedeiht ebenfalls auf jedem mageren bis mäßig fruchtbaren Boden, solange er gut durchlässig ist.

WEITERE SORTE: *P. commutatum* (Blüten einfach, schalenförmig, brillant rot).

PFLANZENPROFIL

HÖHE 45 cm

BREITE 15 cm

STANDORT Sonne

BODEN mager bis mäßig fruchtbar, gut durchlässig

WINTER völlig winterhart

BLÜTE Sommer

Papaver nudicaule Islandmohn

P

MIT IHREM SCHLANKEN STIEL und den papierdünnen, schalenförmigen Blüten ist diese attraktive Einjährige am wirkungsvollsten, wenn man sie in großflächigen Gruppen pflanzt. Der Islandmohn unterscheidet sich stark von dem ausdauerndem *P. orientalis*, der dichte Büschel aus behaarten Blättern und riesige, suppentellerähnliche Blüten besitzt. Islandmohn ist in erster Linie gelb oder weiß, es gibt ihn aber auch in Orange oder Blassrot. Er liefert gute, lang haltbare Schnittblumen. Die Samen sät man im Frühjahr an Ort und Stelle in mageren bis mäßig fruchtbaren, gut durchlässigen Boden aus.

WEITERE SORTE: 'Summer Breeze' (Blüten orange, goldgelb, gelb oder weiß; sehr lange Blütezeit).

PFLANZENPROFIL
HÖHE 30 cm
BREITE 15 cm
STANDORT Sonne
BODEN mager bis mäßig fruchtbar, gut durchlässig
WINTER völlig winterhart
BLÜTE Sommer

SAMENKAPSELN

Die getrockneten Samenkapseln können mit Farbe besprüht oder angemalt werden, um in einem Trockenblumen-Arrangement interessanter auszusehen.

P

Papaver rhoeas Shirley-Serie Klatschmohn

DIESE ENTZÜCKENDE SERIE stammt von einer einzelnen Wildblume ab, die ursprünglich auf einem brachen Fleck in Surrey wuchs. Sie wurde 1880 von Reverend W. Wilks gefunden; er wählte sie aus, züchtete und verfeinerte die Farben, bis er diese gefüllten und einfachen Mohnblüten (jetzt auch erhältlich als doppelt gefüllte und in anderen Farben) geschaffen hatte. Von anderen Sorten unterschiedet sie sich durch das Fehlen des schwarzen Flecks an der Basis der Blüte. Bei den populärsten Farben hat der Rand der Blütenblätter eine andere Farbe. Man sät die Samen im Frühjahr an Ort und Stelle in mageren bis mäßig fruchtbaren, gut durchlässigen Boden.

WEITERE SORTE: 'Mother of Pearl' (Blüten taubengrau, blassrosa oder lilablau mit hellerer Zonierung).

PFLANZENPROFIL

HÖHE 60 cm

BREITE 30 cm

STANDORT Sonne

BODEN mager bis mäßig fruchtbar, gut durchlässig

WINTER völlig winterhart

BLÜTE Sommer

Papaver somniferum 'Paeony Flowered' Schlafmohn

P

IGNORIEREN SIE DEN NAMEN SCHLAFMOHN, denn die Droge, die aus dem Saft der unreifen Samenkapsel gewonnen wird, ist in den Züchtungen für den Garten so gut wie nicht enthalten. Die Samen sind völlig sicher und schmecken, vor dem Backen auf das Brot gestreut, lecker. Es ist auch bemerkenswert, dass die gefransten Blüten von 'Paeony Flowered' wie die einer Pfingstrose aussehen. Sie sind 10 cm breit und sitzen auf der Spitze eines langen, geraden Stängels mit blaugrünen Blättern. Die großen Samenkapseln sehen in Trockenblumen-Arrangements wunderschön aus. Die Samen sät man im Frühjahr an Ort und Stelle aus.

WEITERE SORTEN: 'Hen and Chickens' (wegen seiner schmückenden Samenkapseln gezogen); 'White Cloud' (gefüllte weiße Blüten).

PFLANZENPROFIL
HÖHE 1,2 m
BREITE 30 cm
STANDORT Sonne
BODEN mager bis mäßig fruchtbar, gut durchlässig
WINTER völlig winterhart
BLÜTE Sommer

P

Pelargonium Horizon-Serie Pelargonie

PELARGONIEN GIBT ES IN ALLEN FORMEN und Größen, von 2 m hohen Sorten mit duftenden Blättern bis zu vielblütigen, kompakten, buschigen Varianten. Die Pflanzen der Horizon-Serie gehören zu den größeren und passen in Töpfe und an den Rand einer Rabatte. Ihre Blätter besitzen einen auffälligen äußeren Ring, und die Blüten gibt es in verschiedenen Abstufungen von Rosa, Rot ('Horizon Deep Scarlet' hat die kräftigste Farbe) und Weiß. Die Pflanzen halten sich auch in einem nassen Sommer gut. Die Samen werden im zeitigen Frühjahr unter Glas ausgesät und die Pflanzen im Freiland in fruchtbare, gut durchlässige Erde gesetzt. Im Haus überwintern.

WEITERE SORTEN: Century-Serie (Blüten in Rotschattierungen, Rosa oder Weiß); Orbit-Serie (Blüten in Weiß, Rosa, Orange, Rot).

PFLANZENPROFIL

HÖHE 30 cm

BREITE 25 cm

STANDORT Sonne oder Halbschatten

BODEN neutral bis basisch, fruchtbar, gut durchlässig

WINTER Minimum 2 °C

BLÜTE Sommer

Pelargonium 'Summer Showers' Pelargonie

P

DIESE HÄNGE-PELARGONIE mit den efeuförmigen Blättern ist ideal für Hängekörbe; aber die hängenden Triebe können auch nach oben gelenkt werden. In einem großen Topf pflanzt man vier bis sechs Pflanzen der Sorte 'Summer Showers' rund um ein Wigwam aus Bambusrohren und bindet die Triebe rundherum und nach oben fest. Entspitzen Sie junge Triebe, damit die Pflanzen buschiger werden. Kräftige, dunkle Farben wie etwa das Purpurschwarz von 'Barbe Bleu' passen gut zu 'Summer Shower'. Säen Sie die Samen im Spätwinter oder zeitigen Frühjahr unter Glas aus und pflanzen Sie sie in fruchtbare, gut durchlässige Erde. Im Haus überwintern.

WEITERE SORTEN: 'Mme Crousse' (blassrosa Blüten in Büscheln); 'Roulette' (zweifarbige, hell karmesinrote und weiße Blüten).

PFLANZENPROFIL
HÖHE 60 cm
BREITE 90 cm
STANDORT Sonne
BODEN neutral bis basisch, fruchtbar, gut durchlässig
WINTER Minimum 2 °C
BLÜTE Sommer

P

Pelargonium Tornado-Serie Pelargonie

DIESE IMMERGRÜNEN PELARGONIEN mit efeuartigen Blättern wachsen am besten in hohen Gefäßen oder Hängekörben, sodass die Stängel an den Seiten herabhängen können. Sie entwickeln sich auch sehr gut, wenn man sie mit Bambusrohren stützt. Die Pflanzen der Tornado-Serie sind besonders hübsch und kompakt mit lila und weißen Blüten. Sie passen gut zu den purpur-rosafarbenen *P.* 'Leopard' und den hell purpurfarbenen *P.* 'Rhodamant'. Säen Sie die Samen im Spätwinter oder zeitigen Frühjahr unter Glas, und pflanzen Sie sie im Freien in fruchtbare, stark durchlässige Erde. Im Haus überwintern.

WEITERE SORTEN: 'Amethyst' (Blüten in Purpur und Weiß); 'Jackie' (blass lavendel-rosafarbene Blüten); 'Tavira' (hell kirschrote Blüten)

PFLANZENPROFIL
HÖHE 25 cm
BREITE 20 cm
STANDORT Sonne
BODEN neutral bis basisch, fruchtbar, gut durchlässig
WINTER Minimum 2 °C
BLÜTE Sommer

Pericallis 'Brilliant' Gartencinerarie

P

DIESE LEUCHTENDEN, REIZENDEN STAUDEN von den Kanarischen Inseln bilden gleichmäßige Kissen aus langen Blättern mit Blütenbüscheln, die direkt über den Blättern sitzen. Verwenden Sie sie, um Lücken am Rand von Rabatten zu füllen, oder kombinieren Sie sie mit anderen Einjährigen. Die Samen sät man im Spätwinter oder zeitigen Frühjahr unter Glas aus und zieht die Setzlinge im Freiland an einem mittags beschatteten Platz. Sie sind auch bestens als Topfpflanzen für das Haus oder den Wintergarten geeignet und blühen vom späten Winter bis zum zeitigen Frühjahr – für diesen Zweck sät man die Samen zwischen Frühjahr und Hochsommer.

WEITERE SORTE: 'Chloe' (blaue, karmesinrote, rosa und zweifarbige Blüten).

PFLANZENPROFIL

HÖHE 60 cm

BREITE 60 cm

STANDORT volle Sonne mit Schatten am Mittag

BODEN fruchtbar, gut durchlässig

WINTER Minimum 7 °C

BLÜTE Sommer

P

Perilla frutescens var. *crispa* (*syn.* var. *nankinensis*) Schwarznessel

DIESE SELTENE EINJÄHRIGE kann als niedrige Hecke verwendet werden, und *P. frutenscens* var. *crispa* erreicht rasch eine Höhe von 60 cm – meist wird sie noch höher. Sie ist eine prächtige Pflanze mit 12 cm langen, dunkel purpurfarbenen Blättern mit gekräuseltem Rand, die denen einer großen Basilikumpflanze gleichen. Sie sind der perfekte Hintergrund für Weiß, Gelb oder Orange. Die kleinen weißen, in Quirlen stehenden Blüten sind unauffällig. Man knipst sie am besten ab, sodass sie nicht von der Hauptsehenswürdigkeit ablenken. Säen Sie die Samen im Frühjahr unter Glas aus und setzen Sie die Keimlinge im Freiland in fruchtbare, aber gut durchlässige Erde.

WEITERE SORTE: *P. frutescens* (grüne, manchmal purpurn gefleckte Blätter und Quirle mit weißen Blüten in Ähren).

PFLANZENPROFIL
HÖHE 1 m
BREITE 30 cm
STANDORT volle Sonne oder Halbschatten
BODEN fruchtbar, feucht, aber gut durchlässig
WINTER frosthart
BLÜTE Sommer

Petroselinum crispum 'Afro' Petersilie

P

ES GIBT ZWEI ARTEN VON PETERSILIE: die mit glatten Blättern (die italienische Form hat einen kräftigeren Geschmack als die französische) und die mit krausen Blättern. Letzere, zur der auch *P. crispum* 'Afro' gehört, ist bei weitem die attraktivste – sowohl auf dem Teller als auch im Garten. Sie ist bei weitem nicht auf den Küchengarten beschränkt, sondern verdient einen Platz als dekorative Pflanze am Rand einer gemischten Rabatte. Entfernen Sie die Blütentriebe, sobald sie erscheinen, oder die Bildung von Blättern geht zurück. Die Samen (sie keimen langsam) werden im Frühjahr an Ort und Stelle in fruchtbaren, feuchten, aber gut durchlässigen Boden an einem Platz mit etwas Schatten gesät.

WEITERE SORTE: 'Clivi' (kompakt mit dunkelgrünen Blättern).

PFLANZENPROFIL
HÖHE 80 cm
BREITE 60 cm
STANDORT Sonne mit etwas Schatten
BODEN fruchtbar, feucht, aber gut durchlässig
WINTER völlig winterhart
BLÜTE im Sommer des zweiten Jahrs

P

Petunia 'Lavender Storm' Petunie

DIE PETUNIEN DER GRANDIFLORA-GRUPPE, zu denen 'Lavender Storm' gehört, haben im Allgemeinen weniger Blüten als einige andere Petunien, aber die Größe der Blüten gleicht diesen Mangel aus. Das einzige Problem ist, dass sie bei starkem Regen geschädigt werden können, doch diese spezielle Sorte hält das besser aus als die meisten der Gruppe. Säen Sie die Samen zur Frühjahrsmitte oder im Herbst unter Glas aus, und pflanzen Sie die Setzlinge im Freiland in leichten, gut durchlässigen Boden an einen Platz, wo sie vor starkem Wind geschützt sind.

WEITERE SORTE: Dream-Serie (Blüten weiß, rosa, lachsrosa, magentarot oder rot).

PFLANZENPROFIL
HÖHE 30 cm
BREITE 30 cm
STANDORT Sonne
BODEN leicht, gut durchlässig
WINTER bedingt frosthart
BLÜTE Sommer

Petunia 'Purple Wave' Petunie

P

'PURPLE WAVE' GEHÖRT ZUR MULTIFLORA-GRUPPE, das heißt, sie produziert ungeheure Mengen bis zu 5 cm großer Blüten an buschigen Pflanzen. Sie hat brillant magentarote, trompetenförmige Blüten mit dunkler Mitte und unterscheidet sich von den meisten Petunien der Gruppe, weil sie sich kräftig ausbreitet und einen kriechenden Wuchs hat. Säen Sie die Samen zur Frühjahrsmitte oder im Herbst unter Glas aus, und setzen Sie die Pflanzen im Freiland in leichte, stark durchlässige Erde an einem windgeschützten Platz.

WEITERE SORTEN: Mirage-Serie (große Blüten in Weiß oder Blauschattierungen, Rosa, Rot oder Purpur, manche mit dunkler Äderung oder einem Stern in der Mitte); Primetime-Serie (kompakt; Blüten halten auch heftigem Regen stand).

PFLANZENPROFIL

HÖHE 45 cm

BREITE 90 cm

STANDORT Sonne

BODEN leicht, gut durchlässig

WINTER bedingt frosthart

BLÜTE Sommer

P

Phacelia campanularia Büschelschön

DIE DUNKELBLAUE FARBE DER BLÜTEN von *P. campanularia* findet man bei Einjährigen selten (es gibt sie auch in Weiß), und die nach oben zeigende Glockenform ist ebenfalls ziemlich auffällig. Diese beiden ungewöhnlichen Eigenschaften machen sie zu einem Blickfang am Rand einer Rabatte oder eines Steingartens. Büschelschön keimt erfreulich schnell und blüht bereits acht Wochen nach der Aussaat. Es ist wichtig, die Samen im Frühjahr oder Frühsommer an Ort und Stelle auszusäen, weil es die Pflanzen hassen, umgesetzt zu werden. Sie bevorzugen fruchtbaren, gut durchlässigen Boden.

WEITERE SORTE: *P. tanacetifolia* (glockenförmige, lavendelblaue oder blaue Blüten).

PFLANZENPROFIL
HÖHE 30 cm
BREITE 15 cm
STANDORT Sonne
BODEN fruchtbar, gut durchlässig
WINTER völlig winterhart
BLÜTE Spätfrühling und Sommer

Phlox drummondii Einjähriger Phlox

P

DIE BLÜTEN DES EINJÄHRIGEN PHLOX mögen mit ihren 2,5 cm klein sein, aber sie erscheinen in Doldentrauben von ansprechender Größe, halten eine Woche lang und liefern noch viele weitere Blüten nach. Der Blütenflor hält den ganzen Sommer über an. Fördern Sie den buschigen Wuchs und die Blütenbildung, indem Sie die Triebspitzen abknipsen. Von *P. drummondii* gibt es viele erstklassige Sorten. Die Samen werden im zeitigen Frühjahr unter Glas ausgesät und die Pflanzen im Freien in fruchtbare, gut durchlässige Erde gesetzt.

WEITERE SORTEN: 'African Sunset' (intensiv rote Blüten mit weißem Auge); 'Brilliant' (rosa Blüten); 'Chanal' (rosenähnliche, rosa Blüten); Ethnie-Pastel-Shades-Serie (sehr niedrig); 'Sternenzauber' (kleine, sternenähnliche Blüten in verschiedenen Tönen, vor allem Rosa).

PFLANZENPROFIL

HÖHE 45 cm

BREITE 25 cm

STANDORT volle Sonne

BODEN fruchtbar, gut durchlässig

WINTER frosthart

BLÜTE Sommer

P

Platystemon californicus

DIESER KALIFORNISCHE MOHN stammt von den heißen, trockenen Wüstenrändern des westlichen Nordamerika, wo er leichte, gut durchlässige Böden und viel Sonne genießt. Ein Kies- oder Steingarten oder ein Garten im mediterranen Stil wären die perfekte Umgebung für ihn. Es handelt sich um eine reich verzweigte Pflanze mit 8 cm langen, grau getönten grünen Blättern und entzückenden sechszähligen Blüten in einem blassen, cremefarbenen Gelb im späten Frühjahr. Säen Sie die Samen im zeitigen Frühjahr an Ort und Stelle aus. Vermeiden Sie unbedingt fruchtbaren Boden.

PFLANZENPROFIL
HÖHE 30 cm
BREITE 23 cm
STANDORT volle Sonne
BODEN leicht, gut durchlässig
WINTER völlig winterhart
BLÜTE spätes Frühjahr

Plectranthus thyrsoideus Harfenstrauch

P

IN SEINER HEIMAT AFRIKA IST *P. THYRSOIDEUS* eine verzweigte, strauchige Pflanze, aber in Mittel- und Nordwesteuropa, wo sie als Einjährige kultiviert wird, ist die Wachstumsperiode nicht lang genug, um auch nur annähernd diese Größe zu erreichen. Mit ihren leuchtend blauen Blüten, dem aufrechten Wuchs und den herzförmigen, behaarten grünen Blättern ist sie eine wundervolle sommerliche Beet- und Topfpflanze, gedeiht aber auch bestens als Zimmer- oder Wintergartenpflanze. Aussaat im Frühjahr unter Glas.

WEITERE SORTEN: *P. amoinicus* (röhrenförmige, zweilippige, lila-rosafarbene, malvenfarbene oder weiße Blüten in Quirlen); *P. argentatus* (röhrenförmige, blass blauweiße Blüten in Quirlen); *P. forsteri* (röhrenförmige blass malvenfarbene oder weiße Blüten in Quirlen).

PFLANZENPROFIL
HÖHE 90 cm
BREITE 60 cm
STANDORT lichter Schatten
BODEN durchschnittlich, gut durchlässig
WINTER Minimum 4 °C
BLÜTE Sommer

P

Polypogon monspeliensis Bürstengras

DIE SEIDIGEN, BORSTIGEN ÄHREN dieser Horst bildenden Einjährigen sehen vorn am Rand einer Rabatte oder in einem Wildblumengarten gut aus. Die schmalen Samenstände erscheinen im Sommer und Herbst und verfärben sich mit dem Alter von Grün zu einem sanften Beige-Braun. Abgeschnitten und getrocknet sehen sie in Trockenblumen-Arrangements wunderschön aus. Die mittelgrünen Blätter sind flach, schmal und rau. Säen sie die Samen an Ort und Stelle im Frühjahr oder Herbst aus. Bürstengras stammt aus den Grasländern Europas und sollte deshalb in leichten, gut durchlässigen, durchschnittlichen Boden gepflanzt werden.

PFLANZENPROFIL

HÖHE 60 cm

BREITE 20 cm

STANDORT Sonne

BODEN durchschnittlich, gut durchlässig

WINTER völlig winterhart

BLÜTE Sommer bis Herbst

Portulaca grandiflora Sundial-Serie Portulakröschen

P

IN DER VERGANGENHEIT HATTE DIESE PFLANZE mit den fleischigen Blättern, dem niederliegenden Wuchs und den samtigen Blüten und roten Stängeln viele Bewunderer, aber weil sie lange, heiße Sommer braucht, um gut zu gedeihen, wagen nur wenige Leute, sie zu kultivieren. Die neue Sundial-Serie wurde so gezüchtet, dass sie auch unter kühleren Bedingungen wächst. Die Pflanzen haben gefüllte Blüten in vielen Farben, manche sind lavendelblau gestreift und gefleckt – ihre Form erklärt den Namen »Portulakröschen«. Die Samen werden unter Glas im Frühjahr ausgesät und die Pflanzen idealerweise an den Vorderrand eines erhöhten Beets oder in Töpfe gesetzt.

WEITERE SORTE: Sundance-Hybriden (halb kriechende Pflanzen mit großen, halb gefüllten oder gefüllten Blüten).

PFLANZENPROFIL
HÖHE 25 cm
BREITE 15 cm
STANDORT volle Sonne
BODEN mager, sandig, gut durchlässig
WINTER bedingt frosthart
BLÜTE Sommer

P

Primula Cowichan-Serie Primel

SIE BIETEN IMMER EINEN BEEINDRUCKENDEN ANBLICK – obwohl das Wetter ihnen vom Keimen an bis in den Frühling hart zusetzen kann. Trotzdem produziert die Cowichan-Serie samtige Blüten in vielen satten Rot-, Purpur-, Kastanienbraun-, Blau- oder Gelbtönen. Die Pflanzen bilden auch robuste Rosetten aus stark geäderten, ovalen dunkelgrünen Blättern. Säen Sie die Samen im Frühjahr in ein Frühbeet, und setzen Sie die Pflanzen im Freiland in feuchten, aber gut durchlässigen Boden, damit sie im folgenden Winter blühen.

WEITERE SORTEN: Crescendo-Serie (große Blüten mit gelber Mitte); Rainbow-Serie (Blüten in Blau, Cremegelb, Rosa, Karmesinrot, Scharlachrot, Weiß oder Gelb mit gelber Mitte; außerdem in einem ungewöhnlichen Rost-Orange).

PFLANZENPROFIL

HÖHE 30 cm

BREITE 30 cm

STANDORT Halbschatten

BODEN durchschnittlich, feucht, aber gut durchlässig

WINTER völlig winterhart

BLÜTE Winter bis Frühling

Primula 'Wanda' Primel

P

DIE IMMERGRÜNE ODER HALB IMMERGRÜNE 'WANDA' ist eine der am besten und einfachsten zu kultivierenden Primeln und blüht vom Spätwinter bis zum Ende des Frühjahrs. Damit sie am besten wirkt, pflanzt man sie in großen Gruppen, um starke Farbflecken zu erzeugen. Auch wenn sie wunderbar in lichtem Schatten wächst, blüht sie doch länger und üppiger in voller Sonne; bei zu viel Schatten bildet sie mehr Blätter als Blüten. Säen Sie die Samen im Spätwinter oder Frühling in ein Frühbeet, und pflanzen Sie die Setzlinge draußen in durchschnittliche bis fruchtbare, feuchte, aber stark durchlässige Erde, damit sie im folgenden Winter blühen.

WEITERE SORTE: Wanda-Supreme-Serie (Blüten in Blau-, Gelb-, Purpur-, Burgunderrot-, Rot- und Rosatönen und zweifarbig Rosa).

PFLANZENPROFIL
HÖHE 15 cm
BREITE 40 cm
STANDORT Sonne oder Halbschatten
BODEN durchschnittlich, feucht, aber gut durchlässig
WINTER völlig winterhart
BLÜTE Spätwinter bis spätes Frühjahr

P

Proboscidea louisianica Gemshorn

ROTE, FINGERHUTÄHNLICHE BLÜTEN und breit eiförmige mittelgrüne Blätter machen das Gemshorn zu einer ziemlich attraktiven Pflanze. Aber zwei ihrer Eigenschaften sind außergewöhnlich: erstens die auffälligen kastanienbraunen Flecken an den trichterförmigen Blüten; zweitens die merkwürdigen bootförmigen Früchte. Sie sind etwa 15 cm lang und haben hornartige Fortsätze – daher kommt der Name Gemshorn. Säen Sie die Samen im Frühjahr unter Glas aus, und pflanzen Sie die Setzlinge in fruchtbare, feuchte, aber gut durchlässige Erde.

WEITERE SORTE: *P. fragrans* (trichterförmige, duftende rot-purpurfarbene bis purpurne Blüten).

PFLANZENPROFIL
HÖHE 60 cm
BREITE 30 cm
STANDORT volle Sonne
BODEN fruchtbar, feucht aber gut durchlässig
WINTER bedingt frosthart
BLÜTE Sommer

Psylliostachys suworowii Meerlavendel

P

DER MEERLAVENDEL IST EINE GUTE WAHL für Gärten an der Küste. Aus einer grundständigen Rosette aus langen, am Rand gewellten Blättern ragen 20 cm lange, verzweige Blütenähren hervor, die mit kleinen rosa Blüten bedeckt sind und wie mit Zuckerguss überzogene Stäbe aussehen. Die Blütenähren sind wunderbar geeignet als Schnittblumen und können frisch oder in Trockenblumen-Arrangements verwendet werden. Man sät die Samen im Frühjahr unter Glas oder im späten Frühjahr an Ort und Stelle aus und pflanzt die Setzlinge im Freiland in fruchtbaren, feuchten, aber gut durchlässigen Boden. Perfekte Standorte sind sonnige, geschützte Kiesgärten oder Hochbeete.

WEITERE SORTE: *P. spicata* (rosarote Blüten).

PFLANZENPROFIL

HÖHE 45 cm

BREITE 30 cm

STANDORT volle Sonne

BODEN fruchtbar, feucht, aber gut durchlässig

WINTER bedingt frosthart

BLÜTE Sommer bis Frühherbst

R

Ratibida pinnata Schein-Sonnenhut

DIESE KRÄFTIGE, AUFRECHTE und reich verzweigte Staude wird auch oft als Ein- oder Zweijährige gezogen. Am Ende des Sommers, wenn die übrigen Pflanzen im Garten nachlassen, bringt der welkende kegelförmige Blütenboden immer noch Farbtupfer. Die margeritenähnlichen Blüten sind 12 cm breit und haben ein auffälliges, rotbraunes, kegelförmiges Auge. Pflückt man eine Blüte an der Basis der Kelchblätter ab, verströmt sie einen starken Anisduft. Die Blätter sind attraktiv blaugrün. Die Samen sät man zu Beginn des Frühjahrs in Töpfe in ein Frühbeet. Weil *Ratibida* Trockenheit verträgt und durchschnittlichen, stark durchlässigen Boden mag, pflanzt man sie im Freiland in einen Kiesgarten oder eine trockene Rabatte.

WEITERE SORTE: *R. columnifera* (Blüten gelb, braun und grün).

PFLANZENPROFIL

HÖHE 1,2 m

BREITE 45 cm

STANDORT volle Sonne

BODEN neutral bis leicht basisch, durchschnittlich, gut durchlässig

WINTER völlig winterhart

BLÜTE Sommer bis Herbst

Rehmannia elata Rehmannia

R

DIE BLÜTEN VON *R. ELATA* WERDEN OFT für einen Fingerhut gehalten. Sie ist eine buschige Pflanze mit verzweigten Stängeln und rosapurpurfarbenen, röhrenförmigen Blüten mit rot geflecktem Schlund. Wenn Sie ihr keinen sonnigen, geschützten, frostfreien Platz in fruchtbarer, gut durchlässiger Erde geben können, ist sie nicht zuverlässig frosthart und man gräbt sie besser im Herbst aus, schneidet sie zurück, topft sie ein und überwintert sie in einem kühlen Wintergarten. Wässern Sie nur sparsam, und pflanzen Sie sie im folgenden Frühjahr nach dem letzten Frost wieder aus. Die Samen sät man im Spätwinter unter Glas – die Keimlinge brauchen 12–14 Monate bis zur Blüte.

WEITERE SORTE: *R. glutinosa* (Blüten mit rotbraunen Röhren, dunkler purpurrot geädert und mit blass gelbbraunen Lippen).

PFLANZENPROFIL
HÖHE 1,5 m
BREITE 50 cm
STANDORT volle Sonne
BODEN fruchtbar, gut durchlässig
WINTER frosthart (Grenzfall)
BLÜTE Spätfrühling bis Hochsommer

R

Reseda odorata Garten-Resede

In Ägypten wächst sie als Unkraut, in Europas Bauerngärten wurde sie wegen ihres zarten Himbeerdufts zu einem Favoriten. Sie zieht Bienen magisch an, der Duft hält sogar noch an, wenn die Blüten geschnitten und getrocknet sind. Weil die Garten-Resede zwar ein wahrhaftiger Duftspender, aber nicht gerade eine der schönsten Pflanzen ist, versteckt man sie in der Rabatte und umgibt sie mit attraktiven Nachbarpflanzen, die nicht duften. Moderne Sorten mit auffälligeren Blüten wurden gezüchtet, aber leider ging dabei der Duft verloren. Die Samen sät man im Spätwinter unter Glas oder im zeitigen Frühjahr und Herbst an Ort und Stelle bevorzugt in basischen, gut durchlässigen Boden aus.

WEITERE SORTE: 'True Machet' (rot getönte, stark duftende Blüten).

PFLANZENPROFIL

HÖHE 60 cm

BREITE 23 cm

STANDORT volle Sonne oder leichter Schatten

BODEN bevorzugt basisch, gut durchlässig

WINTER völlig winterhart

BLÜTE Sommer bis Frühherbst

Rhodanthe chlorocephala ssp. *rosea*

R

IN IHRER HEIMAT AUSTRALIEN nennt man diese Pflanze »Everlasting Flower«, weil ihre auffälligen, gänseblümchenähnlichen Blüten ewig an der Pflanze halten. Sie haben eine papierartige Oberfläche, die sie ideal für Trockenblumen-Arrangements macht: Pflücken Sie sie kurz bevor sie sich ganz öffnen, und hängen Sie sie mit den Blüten nach unten zum Trocknen an einen kühlen, schattigen, luftigen Platz. Die Farbe bleibt für mindestens neun Monate erhalten. Die Blüten haben außerdem die ungewöhnliche Eigenart, sich bei bedecktem Himmel fest zu schließen. Die Samen sät man im zeitigen Frühjahr unter Glas oder zur Frühjahrsmitte an Ort und Stelle aus.

WEITERE SORTE: *R. manglesii* (gänseblümchenähnliche Blüten mit roten, rosafarbenen oder weißen Hüllblättern).

PFLANZENPROFIL
HÖHE 60 cm
BREITE 15 cm
STANDORT volle Sonne
BODEN leicht, gut durchlässig
WINTER bedingt frosthart
BLÜTE Sommer

R

Rhodochiton atrosanguineus Rosenkleid

R. atrosanguineus IST EINE EXOTISCHE KLETTERPFLANZE aus Mexiko und hat fast schwarze, glockenförmige Blüten mit einer herausragenden kastanienbraunen Röhre. Wenn man sie an Pergolen, Rankgerüsten oder an benachbarten Büschen an einem kühlen, sonnigen Platz (mit etwas Schatten am Mittag) an einer geschützten Stelle zieht, produziert sie Blüten, bis ihr der erste Frost Einhalt gebietet. Säen Sie die Samen im Frühjahr an einem Fensterbrett oder im Gewächshaus aus, und setzen Sie die Pflanzen im Freiland in feuchte, aber gut durchlässige, fruchtbare Erde. In Töpfen gezogene Pflanzen bringt man über Winter am besten in ein kühles Gewächshaus oder einen Wintergarten.

PFLANZENPROFIL

HÖHE 3 m

STANDORT volle Sonne, am Mittag Schatten

BODEN durchschnittlich, feucht, aber gut durchlässig

WINTER Minimum 3–5 °C

BLÜTE Sommer bis Herbst

ACHTUNG!

Alle Teile der Pflanze sind bei Verzehr hochgiftig. Deshalb vermeidet man sie besser dort, wo Kinder spielen. Die Blätter können Hautallergien auslösen.

R

Ricinus communis 'Carmencita' Wunderbaum

MACHEN SIE 'CARMENCITA' ZUM MITTELPUNKT in einer Pflanzung mit Strukturpflanzen, wo ihre Rispen mit den roten weiblichen Blüten und die hübschen, bronzefarben-roten, handförmigen, bis 30 cm langen Blätter tropische Üppigkeit entfalten. *Ricinus* passt besonders gut zu Palmen, Bananenpflanzen und Indischem Blumenrohr. Im späten Frühjahr sät man die Samen (vorher 24 Stunden einweichen) bei einer Temperatur von 21 °C aus; die Keimlinge eintopfen und bei 13 °C wachsen lassen. Immer wieder umtopfen und nach dem letzten Frost an einen windgeschützten Platz pflanzen.

WEITERE SORTEN: 'Red Spire' (größer; rote Stängel; bronzefarben überlaufene Blätter); 'Zanzibarensis' (größer; weiß geädert; mittelgrüne Blätter).

PFLANZENPROFIL

HÖHE 2 m

BREITE 1 m

STANDORT volle Sonne

BODEN fruchtbar, gut durchlässig

WINTER bedingt frosthart

BLÜTE Sommer

R

Rudbeckia hirta 'Rustic Dwarfs' Rauer Sonnenhut

DIESE KURZLEBIGE STAUDE zieht man am besten als spät blühende Einjährige. Ihre kräftigen orangeroten Farben bringen noch einmal Leben in den Garten, wenn viele andere Blumen längst aufgehört haben zu blühen. 'Rustic Dwarfs' ist besonders farbenprächtig mit ihrem braun-purpurfarbenen Zentrum und den goldgelben, braunroten oder bronze-orangefarbenen Blütenblättern, manche sind sogar zweifarbig. Säen Sie die Samen im Frühjahr unter Glas aus, und pflanzen Sie die Setzlinge an einen warmen, geschützten Platz. Die Stängel kippen schnell um, wenn der Boden austrocknet.

WEITERE SORTEN: 'Bambi' (Blüten bronzebraun, kastanienbraun und goldgelb); 'Marmalade' (buschig und kompakt; große, tief goldorangefarbene Blüten).

PFLANZENPROFIL
HÖHE 60 cm
BREITE 35 cm
STANDORT volle Sonne oder Halbschatten
BODEN etwas schwer, gut durchlässig, feucht
WINTER völlig winterhart
BLÜTE Sommer bis Frühherbst

S

Salpiglossis sinuata Bolero-Hybriden Trompetenzunge

IN EINEM LANGEN, HEISSEN SOMMER sind sie die besten Einjährigen mit ihren exotischen, stark geäderten Blüten in einer Palette von leuchtenden, kräftigen Farben. Ist der Sommer kühl und nass, sehen sie nicht nur schrecklich aus, sondern geben auch noch einen ziemlich unerfreulichen, fauligen Geruch von sich. Die Lösung: Man pflanzt die Bolero-Hybriden in Gefäße im Wintergarten oder auf einer sonnigen Veranda. Stellen Sie die Gefäße nicht zu dicht zusammen, sonst werden die Pflanzen schütter. Will man sie als Rabattenpflanze, sollte man besser wetterfestere Züchtungen wie etwa die kompakte Casino-Serie wählen. Die Samen sät man zur Frühjahrsmitte unter Glas aus.

WEITERE SORTE: 'Kew Blue' (purpurblaue, stark geäderte Blüten).

PFLANZENPROFIL
HÖHE 60 cm
BREITE 30 cm
STANDORT volle Sonne
BODEN feucht, aber gut durchlässig
WINTER bedingt frosthart
BLÜTE Sommer bis Herbst

S

Salvia argentea Silberblattsalbei

DIESER KURZLEBIGE SALBEI wird mehr wegen seiner silbrig grauen Blätter gepflanzt als wegen seiner weiß-rosa Blüten, die ziemlich unscheinbar sind. Die Blätter sind 20 cm lang und mit seidigen Haaren bedeckt, die sie wunderbar weich machen – unglücklicherweise lieben die Schnecken sie. Viele Gärtner ziehen es vor, die Blüten zu entfernen; lässt man sie sich entwickeln, werden die Blätter graugrün. Es schadet aber nicht, ein bis zwei Blüten stehen zu lassen, damit sie sich selbst aussäen und die Pflanzen für das nächste Jahr gesichert sind. Als Alternative sät man die Samen im Sommer in ein Frühbeet, damit sie im nächsten Jahr blühen, und setzt die Pflanzen im Freiland in fruchtbaren Boden, der feucht, aber gut durchlässig ist.

WEITERE SORTE: *S. aethiopsis* (Blüten weiß oder mit gelben Lippen).

PFLANZENPROFIL
HÖHE 90 cm
BREITE 60 cm
STANDORT volle Sonne oder lichter Schatten
BODEN fruchtbar, feucht, aber gut durchlässig
WINTER völlig winterhart
BLÜTE Hoch- und Spätsommer

Salvia coccinea 'Lady in Red' Scharlachsalbei

S

'LADY IN RED' IST AUFRECHT UND BUSCHIG und hat charakteristische, zweilippige Salbeiblüten, die in Reihen an dem schlanken Blütenstängel angeordnet sind. Sie ist eine gute Wahl, wenn Sie eine sich selbst aussäende rote Pflanze wollen, die nicht so grell ist wie manche andere Salbei-Arten. Pflanzen Sie sie in formale Beete in Blöcke oder Streifen mit gemischten Farben, oder verwenden Sie sie, um die unten kahlen Stängel von Kletterrosen zu verbergen. Sie passt besonders gut zu zwei anderen Sorten: zur weißen 'Snowy Nymph' und der korallenrosa 'Coral Nymph'. Säen Sie die Samen zur Frühjahrsmitte unter Glas aus, und pflanzen Sie die Setzlinge in fruchtbaren, feuchten aber stark durchlässigen Boden.

WEITERE SORTE: 'Starry Eyed' (Blüten in Weiß, Rot oder Korallenrot).

PFLANZENPROFIL
HÖHE 40 cm
BREITE 23 cm
STANDORT volle Sonne oder Halbschatten
BODEN fruchtbar, feucht, aber gut durchlässig
WINTER bedingt frosthart
BLÜTE Sommer bis Herbst

S

Salvia farinacea 'Victoria' Mehlsalbei

BEREITS VIER MONATE NACH DER AUSSAAT hat man die tiefblauen Blütenrispen und die schmalen, glänzenden grünen Blätter von 'Victoria', und die Pflanze wird mit fortschreitendem Sommer immer buschiger. Dieser Salbei hat den lateinischen Namen *farinacea* von dem merkwürdigen weißen Belag, der seine Stängel bedeckt – *farinacea* heißt auf lateinisch »mehlig«. Die Blüten sind besonders gut als Schnittblumen geeignet und machen sich getrocknet auch gut in Winter-Arrangements. Säen Sie die Samen zur Frühjahrsmitte unter Glas aus, und pflanzen Sie die Setzlinge in fruchtbaren Boden.

WEITERE SORTEN: *S. farinacea* (tief lavendelblaue Blüten); 'Rhea' (kompakt; blüht zeitig; dunkelblau); 'Strata' (blaue und weiße Blüten); 'White Porcelain' (weiße Blüten).

PFLANZENPROFIL
HÖHE 60 cm
BREITE 30 cm
STANDORT volle Sonne oder Halbschatten
BODEN fruchtbar, feucht, aber gut durchlässig
WINTER bedingt frosthart
BLÜTE Sommer bis Herbst

Salvia officinalis 'Tricolor' Echter Salbei

S

SALBEI IST MIT SEINEN STARK AROMATISCHEN BLÄTTERN (zerreiben Sie sie und riechen Sie daran) eine wichtige Pflanze für einen sonnigen Garten. Er ist außerdem eine schöne buschige Pflanze. Mit seinen rosa, creme und purpurn gemusterten Blättern ist 'Tricolor' viel farbenprächtiger als seine grünen Eltern *S. officinalis*. Junge Pflanzen brauchen in ihren ersten Wintern Schutz: Ziehen Sie sie entweder an einem sonnigen, geschützten Platz, oder halten Sie sie in Töpfen, sodass sie leicht über Winter ins Haus geholt werden können – lässt man sie im kalten, nassen Boden, ist dies der beste Weg, sie zu vernichten. Die Samen sät man zur Frühjahrsmitte unter Glas aus.

WEITERE SORTE: 'Purpurascens' (junge Blätter in Rot-Purpur).

PFLANZENPROFIL
HÖHE 80 cm
BREITE 1 m
STANDORT volle Sonne oder Halbschatten
BODEN fruchtbar, feucht, aber gut durchlässig
WINTER völlig winterhart
BLÜTE Früh- und Hochsommer

S

Salvia splendens Cleopatra-Serie Feuersalbei

DIE BLÜTEN DER CLEOPATRA-SERIE, einem ganz besonders lebhaften Salbei, sind nicht einfach nur rot, es gibt sie vielmehr auch in Lachsrosa, Purpur oder Weiß. Wie bei allen Sorten der Mutterpflanze *S. spendens* bildet die Cleopatra-Serie aufrechte, buschige Stauden, die gewöhnlich eher als Einjährige gezogen werden. Die Blätter sind oval, gezähnt und leicht behaart. Die Samen sät man im Hochsommer (durch Einweichen fördert man die Keimung) in Töpfe auf einem Fensterbrett oder im Gewächshaus und pflanzt sie im Freiland in fruchtbare, feuchte, gut durchlässige Erde.

WEITERE SORTE: 'Red Arrow' (sehr dunkelgrüne Blätter; scharlachrote Blüten).

PFLANZENPROFIL
HÖHE 40 cm
BREITE 25 cm
STANDORT volle Sonne oder lichter Schatten
BODEN fruchtbar, feucht, aber gut durchlässig
WINTER bedingt frosthart
BLÜTE Sommer bis Herbst

Salvia splendens 'Scarlet King' Feuersalbei

S

'SCARLET KING' WIRKT WIE EIN GRELLROTER FEUERMELDER und ist genau das, was Sie für eine Rabatte in schreiend warmen Farben brauchen. Man kann sie mit anderen Pflanzen in der Masse wirken lassen oder in kleinen Gruppen als Schockeffekt. Egal wie – diese Farbe ist nicht zu übertreffen. Wenn man die Triebspitzen entfernt, wird die Pflanze angeregt, buschiger zu wachsen und mehr Blütenstängel zu bilden. Die Samen sät man im Hochsommer (Einweichen fördert die Keimung) unter Glas aus und pflanzt die Setzlinge im Freiland in fruchtbaren, feuchten, aber gut durchlässigen Boden.

WEITERE SORTE: Sizzler-Serie (blüht zeitig in hellen Tönen von Kirschrot, Lavendelbau, Lachsrosa, Purpur, Scharlachrot oder Weiß).

PFLANZENPROFIL
HÖHE 25 cm
BREITE 20 cm
STANDORT volle Sonne oder Halbschatten
BODEN fruchtbar, feucht, aber gut durchlässig
WINTER bedingt frosthart
BLÜTE Sommer bis Herbst

S

Salvia viridis Buntschopfsalbei

ES IST WIRKLICH EINE ÜBERRASCHUNG, herauszufinden, dass das, was wie die rosa-purpufarbenen, papierartigen Blüten von *S. viridis* aussieht, überhaupt keine Blüten sind, sondern Tragblätter. Die eigentlichen Blüten sind winzige, zweilippige Büschel aus Blütenblättern mit creme- und purpurfarbenen Spitzen, die neben ihnen versteckt sind. Dieser Salbei ist eine aufrechte, buschige Pflanze, die ideal ist für informelle oder Bauerngärten. Sie ist auch eine gute Schnittblume, die sich für winterliche Arrangements gut trocknen lässt. Die Samen sät man zur Frühjahrsmitte unter Glas aus.

WEITERE SORTEN: 'Oxford Blue' (violett-blau); 'Pink Sundae' (rosenrot; Favorit für Bauerngärten); 'White Swan' (weiße, grün geäderte Hochblätter).

PFLANZENPROFIL

HÖHE 50 cm

BREITE 23 cm

STANDORT volle Sonne oder Halbschatten

WINTER fruchtbar, feucht, gut durchlässig

WINTER völlig winterhart

BLÜTE Sommer

S

Sanvitalia procumbens Husarenknopf

DER HUSARENKNOPF IST ZUVERLÄSSIG und attraktiv, aber noch längst nicht so populär, wie er sein sollte. Er kann auf die verschiedensten Arten verwendet werden: als Bodendecker, als Randbepflanzung (für Wege und Terrassen), in Trögen und Hängekörben und genauso gut am Rand einer Rabatte. Er wächst niedrig, bildet Matten, die über den Boden kriechen und hat kleine, sonnenblumenähnliche Blüten (die leuchtend gelben Blütenbätter umgeben ein schwarzes Zentrum). Die Samen sät man im Herbst oder Frühjahr an Ort und Stelle in fruchtbaren, gut durchlässigen Boden.

WEITERE SORTEN: 'Gold Braid' (niedriger wachsend; goldgelbe Blüten); 'Golden Carpet' (klein; zitronengelbe Blüten); 'Mandarin Orange' (halb gefüllte, orangefarbene Blüten).

PFLANZENPROFIL
HÖHE 20 cm
BREITE 45 cm
STANDORT volle Sonne
BODEN fruchtbar, gut durchlässig
WINTER völlig winterhart
BLÜTE Frühsommer bis Frühherbst

S

Satureja hortensis Sommer-Bohnenkraut

DIESES HÜBSCHE KRAUT mit dem eindringlichen Geruch passt gut zu Fleischgerichten und Eintöpfen; man benutzt es aber besser sparsam. Traditionell verwendet man Bohnenkraut zusammen mit Bohnen, weil es Blähungen vorbeugen soll. Die buschige Pflanze ist großzügig mit lanzettförmigen, frisch-grünen Blättern und kleinen rosa oder weißen Blüten bedeckt, die Bienen anlocken. Sie ist nicht das aufsehenerregendste Element in einer Blumenrabatte, aber ein Muss im Kräutergarten. Säen Sie die Samen im Spätwinter oder zeitigen Frühjahr in Töpfe auf der Fensterbank oder im Gewächshaus aus und pflanzen Sie die Setzlinge im Freiland in durchlässige Erde.

WEITERE SORTE: *S. montana* (Winter-Bohnenkraut; es hat einen stärkeren Geschmack und rosa-purpurfarbene Blüten).

PFLANZENPROFIL
HÖHE 25 cm
BREITE 30 cm
STANDORT volle Sonne
BODEN neutral bis leicht basisch, stark durchlässig
WINTER frosthart
BLÜTE Sommer

Scabiosa atropurpurea Purpurskabiose

S

DIE BIENEN UND SCHMETTERLINGE anlockenden Blüten dieser Pflanze sitzen wie kleine Knöpfe auf den Enden der dünnen, drahtigen Stängel. Sie sind bei Floristen sehr beliebt, weil sie sich in der Vase fast zwei Wochen halten – es lohnt sich, ein paar Extrapflanzen speziell als Schnittblumen zu kultivieren. Die Cockade-Serie gibt es in Schattierungen von Rot, Purpur, Rosa oder Blau. Die Samen im zeitigen Frühjahr unter Glas oder zur Frühjahrsmitte an Ort und Stelle aussäen. Am besten gedeihen sie in neutralem bis leicht basischem, gut durchlässigem Boden. Entfernt man welke Blüten, verlängert dies die Blütezeit.

WEITERE SORTEN: 'Blue Cockade' (Blüten lavendelblau bis purpurblau); 'Dwarf Double' (gefüllte Blüten in Weiß, Purpur, Blau oder Rosa).

PFLANZENPROFIL
HÖHE 90 cm
BREITE 23 cm
STANDORT volle Sonne
BODEN neutral bis leicht basisch, gut durchlässig
WINTER völlig winterhart
BLÜTE Sommer

S

Scabiosa stellata 'Paper Moon' Sternskabiose

DIE BLÜTEN VON 'PAPER MOON' sind typisch für Skabiosen mit ihren Büscheln von winzigen Blütenblättern auf drahtigen, verzweigten Stängeln. Das ist erfreulich genug, aber es sind die Samenstände, die sie zu einer so außergewöhnlichen Pflanze machen. Diese runden, pergamentfarbenen Bälle mit ihren interessanten, becherförmigen Tragblättern sind ein vergnüglicher Anblick und hervorragend zum Trocknen geeignet. Die Samen werden im zeitigen Frühjahr unter Glas ausgesät oder zur Frühjahrsmitte an Ort und Stelle. Sie gedeihen in neutraler bis leicht basischer, durchschnittlicher, gut durchlässiger Erde.

WEITERE SORTEN: 'Drum Stick' (niedriger; hellblaue Blüten, verfärben sich bronzefarben); 'Ping Pong' (tragen kleine weiße Samenstände).

PFLANZENPROFIL
HÖHE 45 cm
BREITE 23 cm
STANDORT volle Sonne
BODEN neutral bis leicht basisch, durchschnittlich, gut durchlässig
WINTER völlig winterhart
BLÜTE Sommer

Scaevola aemula Blaue Fächerblume

S. AEMULA IST EINE ZARTE, IMMERGRÜNE STAUDE und wird oft als Einjährige gezogen. Sie hat eiförmige Blätter und kleine Blüten mit fünf Blütenblättern, die sich in Form eines Fächerhalbkreises ausbreiten. Ihr kriechender Wuchs macht sie für Hängekörbe oder Gefäße geeignet. Kombinieren Sie sie mit der weißen 'Alba'. Säen Sie die Samen im Frühjahr unter Glas aus. Warten Sie, bis garantiert kein Frostrisiko mehr besteht, bis Sie die Pflanzen in fruchtbaren, feuchten, aber gut durchlässigen Boden auspflanzen. Pflanzen in Rabatten sollten ausgegraben und in Töpfen in einem kühlen Gewächshaus oder Wintergarten überwintert werden.

WEITERE SORTEN: 'Blue Fan' (blaue Blüten mit weißem Auge); 'Blue Wonder' (lilablaue Blüten; niedriger, aber lang andauernde Blüte).

PFLANZENPROFIL
HÖHE 50 cm
BREITE 50 cm
STANDORT volle Sonne oder lichter Schatten
BODEN fruchtbar, feucht, aber gut durchlässig
WINTER Minimum 5 °C
BLÜTE Sommer

S

S

Schizanthus pinnatus 'Hit Parade' Spaltblume

SIE ÄHNELT EINER ORCHIDEE, ist in Wirklichkeit aber mit der Tomate verwandt. Die Spaltblume kommt aus Südamerika und ist eine aufrechte, buschige Pflanze (noch buschiger wird sie, wenn man die Triebspitzen der jungen Pflanzen entfernt) mit fein geteilten, farnähnlichen Blättern. Die auffälligen Blüten von 'Hit Parade', die in Sträußen beliebt sind, gibt es in Gelb, Rosa, Weiß, Rot oder Purpur, oft haben sie einen kontrastierenden gelben Schlund, der lila gefleckt ist. Die Samen sät man zur Frühjahrsmitte unter Glas aus und pflanzt die Setzlinge an einen warmen, geschützten Platz.

WEITERE SORTEN: Giant-Hybriden (bis 1,2 m hoch); *S. pinnatus* (Blüten weiß, gelb, rosa, purpur oder rot, oft mit gelber Kehle und violettem Muster).

PFLANZENPROFIL

HÖHE 50 cm

BREITE 30 cm

STANDORT volle Sonne

BODEN fruchtbar, sehr gut durchlässig

WINTER Minimum 5 °C

BLÜTE Frühjahr bis Herbst

Schizanthus pinnatus 'Star Parade' Spaltblume

S

'STAR PARADE' IST EINE KOMPAKTE und hübsche Einjährige mit auffälligem, pyramidenförmigem Wuchs. Die Blüten erscheinen vom Frühjahr bis zum Herbst und werden von farnähnlichen, hellgrünen, etwa 12 cm langen Blättern umrahmt. Die Samen sät man zur Frühjahrsmitte an einem Fensterbrett oder im Gewächshaus aus. Da sie von den felsigen Berghängen Chiles stammt, sollte man *S. pinnatus* und ihre Sorten, inklusive 'Star Parade', in fruchtbaren, sehr gut durchlässigen Boden pflanzen – sie gedeiht gut an einem warmen, geschützten Platz. Sie ist auch eine wunderbare Zimmer- und Wintergartenpflanze. Die Blüten sind exzellente Schnittblumen.

WEITERE SORTE: *S.* x *wisetonensis* (höher; Blüten weiß, blassblau, rosa oder rotbraun).

PFLANZENPROFIL

HÖHE 25 cm

BREITE 30 cm

STANDORT volle Sonne

BODEN fruchtbar, sehr stark durchlässig

WINTER Minimum 5 °C

BLÜTE Frühjahr bis Herbst

S

Sedum caeruleum Fetthenne

In ihrem natürlichen Lebensraum findet man die kriechende, Matten bildende Fetthenne an heißen, trockenen, sonnigen Stellen auf felsigem Grund. Damit sie in einem kühleren Klima gut gedeiht, muss man sie in volle Sonne in mageren, leichten, gut durchlässigen Boden pflanzen. Ihre Kleinwüchsigkeit verlangt nach einem Platz oben auf einer Trockenmauer oder in den Lücken des Terrassenpflasters – dort findet sie auch ideale Wachstumsbedingungen. Die winzigen, sternförmigen Blüten sind zartblau und stehen an den Enden der fleischigen blassgrünen (später roten) Blättchen. Die Samen im zeitigen Frühjahr in Töpfe auf einem Fensterbrett oder im Gewächshaus aussäen oder im späten Frühjahr an Ort und Stelle.

WEITERE SORTE: *S. pilosum* (rosenrote, glockenförmige Blüten).

PFLANZENPROFIL

HÖHE 15 cm

BREITE 15 cm

STANDORT volle Sonne

BODEN mager, leicht, gut durchlässig

WINTER völlig winterhart

BLÜTE Sommer

Sedum sempervivoides Fetthenne

S

EIN STEINGARTEN ODER DER PLATZ OBEN auf einer Trockenmauer sind die idealen Standorte für diese Matten bildende Pflanze. Überall sonst wäre sie verloren, weil sie so klein ist, es sei denn, man pflanzt sie in Gefäße. Sie braucht außerdem eine hervorragende Drainage. Die niedlichen, quirlförmigen Rosetten der Blätter sind zart blaugrün und an der Basis rot überhaucht – Schnecken lieben sie, also müssen Sie auf diese Schädlinge achten. Im Sommer tragen sie Büschel aus roten, sternförmigen Blüten. Die Samen sät man im zeitigen Frühjahr in Töpfe auf dem Fensterbrett oder im Gewächshaus aus, damit sie im folgenden Jahr blühen, oder man sät sie zur Frühjahrsmitte an Ort und Stelle in durchschnittlichen Boden.

PFLANZENPROFIL
HÖHE 10 cm
BREITE 15 cm
STANDORT volle Sonne
BODEN durchschnittlich, sehr stark durchlässig
WINTER frosthart
BLÜTE Sommer

BUNTER MIX

Die interessante Blattstruktur von 'Silver Dust' wirkt besonders gut in Kombination mit sanften Rottönen.

S

Senecio cineraria 'Silver Dust' Silber-Greiskraut

In einer weiss gehaltenen Pflanzung sind die filigranen, silbrig weißen Blätter von 'Silver Dust' ein Muss und eine große Attraktion. Man verwendet diese nützliche, niedrig wachsende Pflanze als Vermittlerin zwischen den grellen Farben eines Sommerbeetes oder am Rand einer Rabatte als attraktive Randbepflanzung. Sie ist tolerant gegenüber salziger Luft und wächst vor allem im milden Klima von Küstengärten gut. Im zweiten Sommer bildet sie lockere Büschel von senfgelben Blüten – viele Gärtner entfernen diese lieber, weil sie von den Blättern ablenken. Die Samen sät man im Frühjahr unter Glas aus.

WEITERE SORTEN: 'Alice' (tief eingeschnittene, silbrig-weiße Blätter); 'Cirrus' (fein gezähnte oder gelappte, silbrig grüne bis weiße Blätter).

PFLANZENPROFIL

HÖHE 30 cm

BREITE 30 cm

STANDORT volle Sonne

BODEN durchschnittlich, gut durchlässig

WINTER frosthart

BLÜTE Sommer

Senecio elegans Greiskraut

S

S. ELEGANS IST EINE BEMERKENSWERT unkomplizierte Pflanze, die in fast jedem Boden wächst, wenn sie genug Sonne bekommt. Sie wächst aufrecht und hat verzweigte Stängel mit gezackten, tiefgrünen Blättern. Im Sommer bildet sie flache Büschel aus Blüten mit gelbem Auge, die oft einen äußeren Ring aus purpurfarbenen, gelegentlich weißen Blütenblättern haben. Man verwendet sie, um Lücken in Rabatten von Bauerngärten zu füllen. Die Samen sät man im Frühjahr in Töpfen auf einem Fensterbrett oder im Gewächshaus aus und pflanzt sie im Freien in durchschnittliche, gut durchlässige Erde.

WEITERE SORTE: *S. cineraria* (filzige, silbergraue Blätter mit senfgelben Blüten).

PFLANZENPROFIL
HÖHE 60 cm
BREITE 35 cm
STANDORT volle Sonne
BODEN durchschnittlich, gut durchlässig
WINTER frosthart
BLÜTE Sommer

S

Setaria italica Kolbenhirse

DIE KOLBENHIRSE IST EIN WUNDERBAR vielseitig verwendbares einjähriges Gras, dessen Ähren an einen Fuchsschwanz erinnern. Es ist perfekt geeignet, um einem Garten Höhe zu verleihen. Vom Spätsommer an hängen seine Büschel aus cremefarben-braunen, ährenartigen Blüten über den langen, dünnen, schmalen Blättern. Sie werden von den goldgelben, gelappten Samenköpfen gefolgt, die sich gut in Trockenblumen-Arrangements machen. Sie müssen mit der Schere aber schnell zu Werke gehen, weil diese die Lieblingsspeise der Vögel im Garten sind. Säen Sie die Samen im Frühjahr an Ort und Stelle aus. Da es aus warmen, gemäßigten Gebieten Asiens stammt, sollte man dieses Gras in leichter, gut durchlässiger, fruchtbarer Erde kultivieren.

PFLANZENPROFIL
HÖHE 1,5 m
BREITE 1 m
STANDORT Sonne
BODEN leicht, fruchtbar, gut durchlässig
WINTER bedingt frosthart
BLÜTE Spätsommer bis Herbst

Silene coeli-rosa 'Rose Angel' Himmelsröschen

S

'ROSE ANGEL' IST ALS SCHNITTBLUME EBENSO GUT geeignet wie für eine niedrige Rabatte und bildet über eine lange Zeit vom Sommer an ihre magentaroten Blüten. Mischen Sie die Samen mit denen der lavendelblauen 'Blue Angel', damit sie interessanter wirkt, und säen Sie sie im Frühjahr oder Herbst an Ort und Stelle in neutralen bis leicht basischen, durchschnittlichen, gut durchlässigen Boden. Um die Blüte um ein paar Wochen auf den späten Frühling vorzuziehen, sät man die Samen am Ende des Sommers in Töpfen im Wintergarten aus. Die Keimlinge zieht man über Winter an und pflanzt sie im folgenden Frühjahr aus.

WEITERE SORTEN: Angel-Serie (Blüten in zwei weichen Farbtönen); 'Royal Celebration' (Blüten u. a. in Rot, Weiß und Pastelltönen).

PFLANZENPROFIL
HÖHE 50 cm
BREITE 15 cm
STANDORT volle Sonne oder lichter Schatten
BODEN neutral bis leicht basisch, durchschnittlich, gut durchlässig.
WINTER völlig winterhart
BLÜTE Sommer

ESSBARE BLÄTTER

Alles an dieser Pflanze ist essbar und soll die Verdauung fördern. Die Blätter und Samen werden sogar verwendet, um die Leber zu behandeln.

S

Silybum marianum Mariendistel

DIE MARIENDISTEL IST EINE DIESER seltenen Zweijährigen, die in ihrem ersten Jahr weitaus beeindruckender ist als im zweiten. Im ersten Jahr produziert sie stachelige, glänzende, dunkelgrüne, marmorierte Blätter mit weißen Adern. Im zweiten Jahr bildet sie etwas enttäuschende, distelähnliche, schwach duftende Blüten. Wie auch immer, sie ist eine ideale Pflanze für den Bauerngarten und auch ein nützlicher Lückenfüller in gemischten Rabatten. Die Samen sät man im späten Frühjahr oder Frühsommer an Ort und Stelle in mageren bis durchschnittlichen, gut durchlässigen Boden. Die Pflanzen gehen ein, wenn sie über Winter in schwerem nassem Boden stehen. Wenn sie sich einmal ausgebreitet hat, sät sie sich zuverlässig selbst aus – entfernen Sie unerwünschte Keimlinge, bevor die Blätter ihre scharfen Stacheln entwickeln.

PFLANZENPROFIL
HÖHE 1,5 m
BREITE 90 cm
STANDORT volle Sonne
BODEN mager bis durchschnittlich, gut durchlässig
WINTER völlig winterhart
BLÜTE Sommer bis Herbst

Smyrnium perfoliatum Stängelumfassende Gelbdolde

S

DIE ZITRONENGRÜNEN BLÄTTER sind das Hauptmerkmal der Gelbdolde; die winzigen Blüten sind ziemlich unauffällig. Sie wächst langsam und keimt nur ungleichmäßig, Sie müssen eventuell bis zum dritten Jahr warten, bis die Pflanze richtig durchstartet. Sie ist es aber wert, zu warten, weil sie ein eindrucksvolles Muster von intensiver Farbe in einer Rabatte bildet. Wenn sie sich einmal im Garten eingelebt hat, macht es auch nichts aus, dass sie direkt nach der Blüte abstirbt, weil sie sich zuverlässig selbst aussät und so neue Pflanzen zur Verfügung stehen. Achten Sie darauf, die Keimlinge nicht mit Unkraut zu verwechseln. Die Samen sät man im Frühjahr in Töpfen in einem Frühbeet oder im Herbst oder späten Frühjahr an Ort und Stelle in durchschnittlichen Boden. Die Gelbdolde breitet sich gut im Gras aus und ist ideal für einen Wald- oder Wildblumengarten.

PFLANZENPROFIL
HÖHE 1,5 m
BREITE 60 cm
STANDORT volle Sonne bis Halbschatten
BODEN durchschnittlich, feucht, aber gut durchlässig
WINTER völlig winterhart
BLÜTE spätes Frühjahr

S

Solanum pseudocapsicum 'Red Giant' Korallenstrauch

DIESE NIEDRIGE, STRAUCHIGE IMMERGRÜNE trägt leuchtend rote, orangefarbene oder gelbe Beeren. Gewöhnlich wird der Korallenstrauch im Winter als Zimmerpflanze verkauft, er wächst aber auch gut als Einjährige in einer sommerlichen Rabatte. 'Red Giant' hat orangerote Früchte mit 2,5 cm Durchmesser. Die Samen sät man im Frühjahr unter Glas aus und pflanzt die Setzlinge im Freien in feuchten, aber gut durchlässigen, neutralen bis leicht basischen Boden. Um reichlich Beeren zu bekommen, gibt man zur Hauptwachstumszeit alle zwei bis drei Wochen einen Tomaten-Flüssigdünger. Topfpflanzen kultiviert man in Spezial-Kompost und verwendet zusätzlich einen Allzweck-Flüssigdünger einmal im Monat. Die Beeren sind giftig!

WEITERE SORTE: 'Cherry Jubilee' (weiße, gelbe oder orange Früchte).

PFLANZENPROFIL

HÖHE 45 cm

BREITE 45 cm

STANDORT volle Sonne

BODEN durchschnittlich, feucht, aber gut durchlässig

WINTER Minimum 5 °C

BLÜTE Sommer

Solenopsis axillaris syn. *Laurentia axillaris* Sternenblume

S

DIES IST EINE NIEDRIGE UND ZIERLICHE PFLANZE für den Rand einer Rabatte. *S. axillaris* bildet fünfzählige, sternförmige, blass- bis tiefblaue Blüten im Übermaß. Sie heben sich gut von den verholzten Stängeln und den dunkelgrünen, schmalen Blättern ab. Sie ist eine zarte Pflanze und würde einen plötzlichen Kälteeinbruch draußen nicht überstehen – topfen Sie die Pflanzen im frühen Herbst ein, und überwintern Sie sie in einem warmen Gewächshaus oder Wintergarten, um sie im folgenden Jahr nach dem letzten Frost wieder auszupflanzen. Wenn man die Pflanzen ins Warme bringt, garantiert das ein paar zusätzliche Wochen mit späten Blüten. Entfernen Sie verwelkte Blüten regelmäßig. Säen Sie die Samen in Töpfen auf einem warmen, sonnigen Fensterbrett oder im Gewächshaus aus, und ziehen Sie sie im Freiland in durchschnittlicher Erde in voller Sonne.

PFLANZENPROFIL
HÖHE 30 cm
BREITE 30 cm
STANDORT volle Sonne
BODEN durchschnittlich, gut durchlässig
WINTER Minimum 7 °C
BLÜTE Frühjahr bis Spätherbst

S

Solenostemon scutellarioides Wizard-Serie Buntnessel

DIE SORTEN DER WIZARD-SERIE sind Züchtungen aus tropischen, asiatischen Pflanzen und werden wegen ihrer farbigen Blätter gehalten, die rot, rosa, schwarz und weiß sein können und gewöhnlich einen farblich kontrastierende Blattrand haben. Die unscheinbaren, kleinen blauen oder weißen Blüten werden am besten sofort bei Erscheinen entfernt, damit die Farbe der Blätter erhalten bleibt. Säen Sie die Samen im zeitigen Frühjahr unter Glas (auf feuchte Erde streuen, aber nicht bedecken), und kultivieren Sie sie im Freiland in feuchter Erde, die mit gut verrottetem organischen Material angereichert ist. Die Buntnessel ist auch eine hervorragende Zimmerpflanze.

WEITERE SORTE: 'Pineapple Beauty' (gelbgrüne Blätter, die sich goldfarben mit braun-purpurfarbenem Muster verfärben).

PFLANZENPROFIL

HÖHE 20 cm

BREITE 20 cm

STANDORT volle Sonne oder Halbschatten

BODEN fruchtbar, feucht, aber gut durchlässig

WINTER Minimum 4 °C

BLÜTE vom Sommer an

S

Sorghum bicolor Gewöhnliche Mohrenhirse

Diese riesige Pflanze sieht fabelhaft aus, wenn man sie in Rabatten im tropischen Stil pflanzt, wo ihre Blätter und die reiche grüne Farbe Spannung und Entzücken beisteuern. Die schmalen, wächsernen Blätter werden fast 1 m lang, und in den Tropen kann die Pflanze 6 m hoch werden; in kühlerem Klima wird sie gewöhnlich nur 3 m hoch. Die dichten, verzweigen Blütenbüschel bringen einen witzigen Hauch von Rosa, Purpur oder blassem Grün. Wenn sie reif sind, sehen die Samenstände in Trockenblumen-Arrangements gut aus – lassen Sie ein paar für die Vögel übrig, weil die Samen ein wertvolles Winterfutter für sie sind. Die Samen werden im zeitigen Frühjahr in Töpfen auf einem sonnigen Fensterbrett oder in einem beheizten Gewächshaus ausgesät und die Pflanzen in gut durchlässigen, fruchtbaren Boden gesetzt.

PFLANZENPROFIL
HÖHE 3 m
BREITE 60 cm
STANDORT Sonne
BODEN fruchtbar, gut durchlässig
WINTER bedingt frosthart
BLÜTE Sommer

S

Spraguea umbellata (syn. *Calyptridium umbellatum*)

S. umbellata STAMMT AUS NORDAMERIKA und ist eine kleine Pflanze, die perfekt in einen Stein- oder Kiesgarten oder oben auf eine Trockenmauer passt. Die Pflanze bildet eine grundständige Rosette aus leicht fleischigen Blättern und kurzstängeligen Büscheln aus kleinen rosafarbenen Blüten, die den ganzen Sommer über erscheinen. Säen Sie die Samen im Frühjahr in Töpfe auf einer warmen Fensterbank oder in einem beheizten Gewächshaus aus, und ziehen Sie die Setzlinge im Freiland in leichtem, sandigem, sehr gut durchlässigem Boden. Eine hervorragende Drainage ist der Schlüssel für ein erfolgreiches Gedeihen dieser Pflanzen, da sie schnell eingehen, wenn die Wurzeln in feuchtem Boden stehen.

PFLANZENPROFIL

HÖHE 15 cm

BREITE 15 cm

STANDORT volle Sonne

BODEN leicht, sandig, sehr gut durchlässig

WINTER bedingt frosthart

BLÜTE Sommer

Sutera cordata 'Snowflake' (syn. *Bacopa*)

S

DIE ZERBRECHLICH AUSSEHENDEN, attraktiven sternförmigen Blüten dieser Hängepflanze quellen und fallen über die Seiten der Blumentöpfe und Hängekörbe. Obwohl sie klein sind – weniger als 2,5 cm im Durchmesser – erscheinen sie in großer Fülle. Die Blätter sind perfekt; sie sind ebenfalls zart und haben leicht gewellte Ränder. Die häufigste Blütenfarbe ist Lavendelweiß, aber die rein weißen Blüten von 'Snowflake' sind herausragend. Die Samen sät man im Frühjahr bei einer Temperatur von 13-18 °C aus oder teilt gut entwickelte Pflanzen im Frühjahr. Im Freiland in gut drainierten, fruchtbaren Boden setzen. Die Pflanze wird auch unter dem Namen *Bacopa* 'Snowflake' verkauft.

PFLANZENPROFIL
HÖHE 15 cm
Breite unbestimmt
STANDORT volle Sonne
BODEN fruchtbar, gut durchlässig
WINTER frosthart
BLÜTE Sommer bis Herbst

T

Tagetes 'Honeycomb' Studentenblume

'HONEYCOMB' IST EINE PRÄCHTIGE, kleinschopfige Studentenblume mit ganz gefüllten Blüten mit etwa 5 cm Durchmesser in tiefem, kräftigem Rot mit sattem Orange an den Rändern. Sie wurde aus *T. patula* gezüchtet und hat wie alle *Tagetes* unbehaarte, purpurn überhauchte Stängel und tief eingeschnittene Blätter. Die Samen sät man im zeitigen Frühjahr unter Glas oder im späten Frühjahr an Ort und Stelle in durchschnittlichen, gut durchlässigen Boden. Entfernt man regelmäßig die welken Blüten, verlängert dies die Blütezeit.

WEITERE SORTE: Aurora-Serie (Blüten in lichtem Gelb bis Goldgelb, Orange oder Mahagoni, einige ungewöhnlich Zweifarbig).

PFLANZENPROFIL

HÖHE 25 cm

BREITE 25 cm

STANDORT volle Sonne

BODEN durchschnittlich, gut durchlässig

WINTER bedingt frosthart

BLÜTE Spätfrühling bis Frühherbst

Tagetes 'Lemon Gem' Studentenblume

T

NUR WENIGE LEUTE HABEN VON DIESER KLEINEN, buschigen, reich blühenden Signet-Tagetes gehört, aber das liegt nur daran, dass sie nicht so stark vermarktet wird wie andere Sorten. Trotzdem ist sie genauso gut und wird im Allgemeinen 30-35 cm hoch. Im Vergleich zu den anderen Mitgliedern der Gem-Serie ist 'Little Gem' etwas niedriger als die mehr zitronengelbe 'Lemon Gem'. 'Tangerine Gem' ist hübsch tieforange. Die Samen sät man im zeitigen Frühjahr in Töpfen auf einer Fensterbank oder im Gewächshaus oder im späten Frühjahr an Ort und Stelle aus. Entfernt man die Blüten, sobald sie welken, verlängert dies die Blütezeit.

WEITERE SORTE: 'Starfire' (gelbe, goldgelbe und rote Blüten, einige zweifarbig).

PFLANZENPROFIL
HÖHE 23 cm
BREITE 40 cm
STANDORT volle Sonne
BODEN durchschnittlich, gut durchlässig
WINTER bedingt frosthart
BLÜTE Spätfrühling bis Frühherbst

KRANKHEITSABWEHR

Studentenblumen sollen die Weiße Fliege fern halten sowie Älchen abhalten, die Rosen, Tulpen und Kartoffeln schädigen.

T

Tagetes 'Naughty Marietta' Studentenblume

DIESE STUDENTENBLUMEN SIND KLEINER als die afrikanischen *Tagetes*, die meist etwa 15-35 cm hoch sind. Doch 'Naughty Marietta' ist etwas höher und hat eine kastanienbraune Zeichnung, die vom Zentrum der Blüten ausgeht. Mit 15 cm ist die relativ niedrige Boy-Serie ebenfalls eine gute Wahl, sie hat doppelte Blüten in vielen Farben inklusive Gelb- und Orangetönen. Oder versuchen Sie 'Tiger Eyes', die rote Blütenblätter mit goldener Mitte hat. Die Samen sät man im zeitigen Frühjahr unter Glas oder im späten Frühjahr an Ort und Stelle in durchschnittlichen, gut durchlässigen Boden. Das Entfernen welker Blüten verlängert die Blütezeit.

WEITERE SORTE: Hero-Serie (Blüten gelb, goldgelb, orange, rot oder mahagonirot mit gelber Haube).

PFLANZENPROFIL

HÖHE 30–40 cm

BREITE 30 cm

STANDORT volle Sonne

BODEN durchschnittlich, gut durchlässig

WINTER bedingt frosthart

BLÜTE Spätfrühling bis Frühherbst

Tagetes 'Vanilla' Studentenblume

T

DIE AUFRECHTEN ERECTA-HYBRIDEN haben ballförmige Blüten, die viel größer sind als die der Patula-Hybriden. Viele sind gute Rabattenpflanzen und werden bis zu 90 cm hoch; doch einige, wie 'Vanilla', sind viel niedriger und haben gerade die richtige Höhe für eine Randbepflanzung. 'Vanilla', ist reichlich verziert mit kleinen, cremeweißen Blüten, und wenn man welke Blüten regelmäßig entfernt, fördert man die Blütenbildung den ganzen Sommer über. Die Samen sät man im zeitigen Frühjahr unter Glas oder im späten Frühjahr an Ort und Stelle in durchschnittlichen, gut durchlässigen Boden.

WEITERE SORTE: Antigua-Serie (orangefarbene, zitronengelbe, goldgelbe oder primelgelbe Blüten).

PFLANZENPROFIL
HÖHE 35 cm
BREITE 45 cm
STANDORT volle Sonne
BODEN durchschnittlich, gut durchlässig
WINTER bedingt frosthart
BLÜTE Spätfrühling bis Frühherbst

T

Tanacetum haradjanii Silbergefieder

DIESE IMMERGRÜNE STAUDE ist kompakt genug für einen Steingarten und kann aus Samen für ein Sommerbeet gezogen werden. Die zierenden Blätter sind leuchtend silbergrau – sie sind die Hauptsehenswürdigkeit der Pflanze, auch wenn es im Spätsommer noch den Pluspunkt der gelben, gänseblümchenähnlichen Blüten gibt. Die beste Zeit für die Aussaat ist der Sommer. Man überwintert die Pflanzen in einem frostfreien Gewächshaus, um sie im folgenden Jahr im Frühsommer wieder auszupflanzen. Stehen die Wurzeln feucht, geht die Pflanze rasch ein. Sie sollte in gut durchlässigem, bevorzugt sandigem Boden kultiviert werden.

PFLANZENPROFIL
HÖHE 15 cm
BREITE 20 cm
STANDORT volle Sonne
BODEN gut durchlässig, bevorzugt sandig
WINTER völlig winterhart
BLÜTE Spätsommer

KRÄUTERARZNEI

Die Blätter des Mutterkrauts sollen entzündungshemmend sein und leicht beruhigend wirken sowie bei Migräne und Arthritis helfen.

T

Tanacetum parthenium 'Golden Moss' Mutterkraut

DAS KLEINE, STRAUCHIGE, MATTEN BILDENDE 'Golden Moss' hat aromatische, moosartige goldfarbene Blätter und kleine weiße, gänseblümchenähnliche Blüten. Einige Gärtner ziehen es vor, die Blüten zu entfernen, sodass sie nicht von dem wundervollen Laub ablenken. 'Golden Moss' sieht gut aus, wenn man es an den Rand eines Kräutergartens pflanzt. Die Samen sät man im Sommer aus, kultiviert die Pflanzen in einem frostfreien Gewächshaus über Winter und pflanzt sie im folgenden Jahr im Frühsommer aus. Setzen Sie sie in gut durchlässige, bevorzugt sandige Erde. Mutterkraut ist kurzlebig, aber wenn es sich einmal eingewöhnt hat, sät es sich reichlich selbst aus.

WEITERE SORTEN: 'Butterball' (gefüllte gelbe Blüten); 'Snowball' (elfenbeinweiße Blüten).

PFLANZENPROFIL

HÖHE 10 cm

BREITE 30 cm

STANDORT volle Sonne

BODEN gut durchlässig, bevorzugt sandig

WINTER völlig winterhart

BLÜTE Sommer

T

Tanacetum parthenium 'Tom Thumb White Stars' Mutterkraut

MUTTERKRAUT IST EINE KURZLEBIGE, buschige Pflanze mit aromatischen Blättern. Ihre gänseblümchenähnlichen Blüten erscheinen im Sommer und sehen besonders gut als Randbepflanzung vorn an einer Rabatte oder an Wegen aus. 'Tom Thumb White Stars' hat attraktive weiße, gefüllte Köpfchen. Säen Sie die Samen im Sommer aus, und überwintern Sie die Pflanzen in einem frostfreien Gewächshaus. Warten Sie mit dem Auspflanzen bis zum Frühsommer des folgenden Jahres, und kultivieren Sie sie in gut durchlässiger, bevorzugt sandiger Erde.

WEITERE SORTE: 'Butterball' (gefüllte gelbe Blütenköpfe).

PFLANZENPROFIL
HÖHE 23 cm
BREITE 23 cm
STANDORT volle Sonne
BODEN gut durchlässig, bevorzugt sandig
WINTER völlig winterhart
BLÜTE Sommer

Tanacetum ptarmiciflorum

T

SIE IST ZU ZART, UM IN MITTEL- UND NORDWESTEUROPA als Staude kultiviert zu werden, und deshalb kultiviert man sie bei uns gewöhnlich als Einjährige. Wie die meisten *Tanacetum*-Arten wird sie hoch geschätzt wegen ihrer zierenden, blass silbrigen Blätter, die etwa 10 cm lang sind. Zusammen mit farbigen Rabattenpflanzen bildet sie einen Aufsehen erregenden Kontrast. Die Samen sät man im Sommer aus, kultiviert die Pflanzen über Winter in einem frostfreien Gewächshaus und pflanzt sie im Frühsommer des folgenden Jahres aus. Danach kann man im Frühsommer Stecklinge schneiden. Man zieht diese Pflanze wie die anderen *Tanacetum*-Arten in stark durchlässigem, bevorzugt sandigem Boden.

PFLANZENPROFIL
HÖHE 60 cm
BREITE 40 cm
STANDORT volle Sonne
BODEN gut durchlässig, bevorzugt sandig
WINTER bedingt frosthart
BLÜTE Spätsommer

T

Tanacetum vulgare 'Silver Lace' Rainfarn

DIESE LAUB ABWERFENDE STAUDE ist kräftig und breitet sich rasch aus. Sie wird gewöhnlich als Einjährige in Sommerpflanzungen verwendet. Man schätzt sie wegen ihres fein geteilten, silbrig gescheckten Laubes, das bis zu 15 cm lang wird. Die Scheckung ist zu Beginn des Sommers kräftig, aber am Ende der Saison sind die Blätter einheitlich grün. Schneidet man sie ab, sobald die Scheckung verschwindet, wird die Bildung einer zweiten Staffel silbriger Blätter angeregt, aber man opfert damit die attraktiven Büschel hellgelber, knopfförmiger Blüten. Die Samen sät man im Sommer aus und überwintert die Pflanzen in einem frostfreien Gewächshaus. Pflanzen Sie sie im folgenden Jahr im Frühsommer in gut durchlässigen, bevorzugt sandigen Boden.

WEITERE SORTE: *T. vulgare* (knopfförmige hellgelbe Blüten).

PFLANZENPROFIL
HÖHE 60 cm
BREITE 45 cm
STANDORT volle Sonne
BODEN gut durchlässig, bevorzugt sandig
WINTER völlig winterhart
BLÜTE Sommer

Thunbergia alata Schwarzäugige Susanne

T

DIESE EINJÄHRIGE KLETTERPFLANZE aus dem tropischen Afrika ist leicht zu kultivieren und schießt rasch empor, wuchert über Büsche und durch andere Kletterpflanzen. Verteilen Sie die Pflanzen über den Garten, sodass Sie mehr als genug Gelegenheiten haben, ihre farbenprächtigen gelben oder orangeroten Blüten mit dem samtig schwarzen Auge zu erblicken. *T. alata* kann auch als Wintergartenpflanze gezogen werden, und wenn die Temperatur über 10 °C liegt, blüht sie fast das ganze Jahr. Die Samen sät man im Frühjahr unter Glas aus und pflanzt sie im Freiland in durchschnittliche, feuchte, aber stark durchlässige Erde.

WEITERE SORTE: *T. gregorii* (klar orangefarbene Blüten).

PFLANZENPROFIL

HÖHE 2 m

STANDORT volle Sonne

BODEN durchschnittlich, feucht, aber gut durchlässig

WINTER Minimum 7–10 °C

BLÜTE Sommer bis Herbst

T

Thymophylla tenuiloba Gelbes Gänseblümchen

DAS GELBE GÄNSEBLÜMCHEN verdient größere Popularität. Seine fein geteilten, aromatischen Blätter und die Herzen der Blüten (die sich gut als Schnittblumen eignen) geben ihr einen deutlichen Vorteil gegenüber ähnlichen Pflanzen, auch wenn sie nur selten in Gärten gepflanzt wird. Sie mag schwer zu finden sein, aber sie ist eine wunderbare Pflanze für Hängekörbe, Gefäße, Steingärten und für den Rand von Rabatten und Wegen. Wenn ihre hübschen Blüten zu welken beginnen, schneiden Sie sie ab, und sie werden bald ersetzt sein. Die Samen sät man zur Frühjahrsmitte unter Glas oder aber zur Frühjahrsmitte oder im späten Frühjahr an Ort und Stelle in durchschnittlichen, gut durchlässigen Boden aus. Wenn es sich einmal ausgebreitet haben, sät sich das Gelbe Gänseblümchen reichlich selbst aus.

PFLANZENPROFIL
HÖHE 30 cm
BREITE 30 cm
STANDORT volle Sonne
BODEN durchschnittlich, gut durchlässig
WINTER frosthart
BLÜTE Frühjahr bis Sommer

Tithonia rotundifolia 'Torch' Mexikanische Sonnenblume

T

DIESE PFLANZE BRINGT LEBEN in den spätsommerlichen Garten, der beginnt, nackt und kahl auszusehen. Sie ist eine kräftige, rasch wüchsige, sich verzweigende Einjährige mit ansehnlichen, leuchtenden runden Blüten – sie werden etwa 8 cm breit – mit auffälligem Auge. Schützen Sie die Pflanzen vor starkem Wind, und binden Sie sie sicher fest, sodass die Blüten nicht umknicken und ihr Gesicht verbergen. An trockenen Standorten gut gießen. Achten Sie so lange auf Schnecken, bis die Stängel eine Chance hatten, hart zu werden. Die Samen werden zur Frühjahrsmitte oder im späten Frühjahr unter Glas oder im späten Frühjahr an Ort und Stelle ausgesät.

WEITERE SORTEN: 'Goldfinger' (kompakt; niedriger; lebhafte, satt orangefarbene Blüten); 'Sundance' (leuchtend orangefarbene Blüten).

PFLANZENPROFIL
HÖHE 2 m
BREITE 30 cm
STANDORT volle Sonne
BODEN durchschnittlich, gut durchlässig
WINTER bedingt frosthart
BLÜTE Spätsommer bis Herbst

T

Tolpis barbata Christusauge

DAS PFLEGELEICHTE UND SOMMERLICHE CHRISTUSAUGE ist eine zarte, anspruchslose Einjährige für den Bauerngarten, die perfekt an den Rand einer Rabatte passt. Die buttergelben Blüten mit ihren gefransten Blütenblättern und dem hübschen kastanienbrauen Auge erscheinen in Büscheln am Ende der kräftigen, nackten, verzweigten Stängel. Regelmäßiges Entfernen der welken Blüten sorgt für eine lange Blüte vom Frühjahr an und den ganzen Sommer hindurch. Die Blüten mit den langen Stängeln sind erstklassige Schnittblumen. Die Samen werden zur Frühjahrsmitte an Ort und Stelle in gut durchlässigen, durchschnittlichen Boden ausgesät.

PFLANZENPROFIL
HÖHE 60 cm
BREITE 30 cm
STANDORT volle Sonne
BODEN durchschnittlich, gut durchlässig
WINTER völlig winterhart
BLÜTE Frühjahr bis Sommer

Torenia fournieri Clown-Serie Torenie

T

DIESE NIEDLICHE EINJÄHRIGE FÜR SOMMERBEETE trägt ein feines und faszinierendes Muster auf ihren orchideenähnlichen Blüten. Die Clown-Serie gibt es in einer Palette von sanftem Rosa-Purpur, Lavendelblautönen und gebrochenem Weiß. Genauso wie in der Rabatte kann man sie als sommerliche Zimmerpflanze oder Pflanze in einem kühlen Gewächshaus genießen. Säen Sie die Samen zur Frühjahrsmitte unter Glas aus, und pflanzen Sie die Setzlinge in fruchtbaren Boden. Sie bevorzugt – was ungewöhnlich für eine Einjährige ist – Halbschatten gegenüber der vollen Sonne.

WEITERE SORTEN: *T. fournieri* (etwas höher; Blüten dunkelpupur und lilapurpur mit gelbem Schlund); Panda-Serie (kompakt; niedriger; Blüten weiß, rosa, purpur oder lavendelblau).

PFLANZENPROFIL

HÖHE 25 cm

BREITE 23 cm

STANDORT Halbschatten

BODEN fruchtbar, feucht , aber gut durchlässig

WINTER Minimum 5 °C

BLÜTE Sommer

T

Trachelium caeruleum Halskraut

DIESE AUFRECHTE EINJÄHRIGE verdient es, viel häufiger kultiviert zu werden. Sie bildet Büschel aus schwach duftenden, tief violettblauen oder weißen Blüten am Ende von rot überhauchten Stängeln. Die lanzettförmigen mittelgrünen Blätter sind ebenfalls attraktiv und werden bis zu 8 cm lang. Der beste Platz für das Halskraut ist der Hintergrund einer Rabatte, aber pflanzen Sie sie nicht außer Reichweite, weil sie vielleicht die Blüten fürs Haus schneiden wollen. Säen Sie die Samen im zeitigen Frühjahr unter Glas oder im späten Frühjahr an Ort und Stelle aus. In gut durchlässigem, durchschnittlichem Boden an einem Platz kultivieren, der am Mittag beschattet ist.

PFLANZENPROFIL

HÖHE 1,2 m

BREITE 30 cm

STANDORT volle Sonne mit etwas Schatten am Mittag

BODEN durchschnittlich, gut durchlässig

WINTER bedingt frosthart

BLÜTE Sommer

FARBIGE SALATE

Blätter und Blüten können in Salaten verwendet werden. Die Samen kann man sauer einlegen. Die ganze Pflanze ist Bestandteil von Kosmetika.

Tropaeolum majus 'Empress of India' Große Kapuzinerkresse

T

DIE NIEDRIGE, BUSCHIGE UND REICH BLÜHENDE Kapuzinerkresse war jahrelang der Star in Bauerngärten. Den größten Eindruck machen vorn am Rand einer Rabatte die satt scharlachroten Blüten von 'Empress of India'; entweder setzt man die Pflanzen in einer Gruppe zusammen, oder man wandert mit einem Päckchen Samen durch dem Garten und sät sie aus, wo immer es eine Lücke gibt, die einen kräftigen Farbklecks verträgt. Wenn Sie eine Pflanzung mit Bambus mit gelben oder orangefarbenen Stängeln haben, sollten Sie die scharlachrote 'Empress of India' als leuchtenden Kontrast davor pflanzen. Säen Sie die Samen im zeitigen Frühjahr unter Glas oder im späten Frühjahr an Ort und Stelle aus.

WEITERE SORTE: 'Hermine Grasshof' (gefüllte, leuchtend rote Blüten).

PFLANZENPROFIL

HÖHE 30 cm

BREITE 45 cm

STANDORT volle Sonne

BODEN durchschnittlich bis mager, feucht, aber gut durchlässig

WINTER bedingt frosthart

BLÜTE Sommer bis Herbst

T

Tropaeolum peregrinum Kapuzinerkresse

DIESE KAPUZINERKRESSE IST EINE kräftige Kletterpflanze, die im Sommer bis zu erstaunliche 4 m hoch werden kann. Sie hat drei Pluspunkte: Der erste ist der den ganzen Sommer dauernde Anblick der leuchtend gelben Blüten. Zweitens sind die Blüten sehr auffällig – aus der Entfernung sehen sie wie exotische Schmetterlinge aus. Drittens bildet sie mit der richtigen Stütze eine Menge ihres leuchtend grünen Laubs. *T. peregrinum* kann als sommerlicher Windschutz gepflanzt werden, aber sie eignet sich nur für informelle Gärten oder Bauerngärten, weil ihr Wuchs alles andere als ordentlich ist. Die Samen sät man im zeitigen Frühjahr unter Glas oder im späten Frühjahr an Ort und Stelle in feuchten, aber gut durchlässigen, durchschnittlichen Boden aus.

PFLANZENPROFIL

HÖHE 4 m

STANDORT volle Sonne

BODEN durchschnittlich, feucht, aber gut durchlässig

WINTER Minimum 3 °C

BLÜTE Sommer bis Herbst

T

Tropaeolum Whirlybird-Serie Kapuzinerkresse

ALS FAVORIT DER BAUERNGÄRTEN steuert die Whirlybird-Serie einen guten Teil großer, weit geöffneter, einfacher bis halb gefüllter Blüten in den Tönen Creme, Rot, Rosa Gelb und Orange bei. Sie kommen über dem reichen hellgrünen Laub gut zur Geltung. Bekommen sie viel Sonne, ist die Whirlybird-Serie ein unermüdlicher Sommerblüher, ob am Rand einer Rabatte, zwischen Stauden, an sonnigen, trockenen Stellen oder in Gefäßen oder Hängekörben: Haben Sie immer ein paar Samentütchen zur Hand, es gibt oft Lücken, die man füllen muss. Säen Sie die Samen im zeitigen Frühjahr unter Glas oder im späten Frühjahr an Ort und Stelle aus. In durchschnittlichem bis magerem Boden kultivieren.

WEITERE SORTE: 'Whirlybird Cream' (cremegelbe Blüten).

PFLANZENPROFIL
HÖHE 25 cm
BREITE 35 cm
STANDORT volle Sonne
BODEN durchschnittlich bis mager, feucht, aber gut durchlässig
WINTER bedingt frosthart
BLÜTE Frühsommer bis Herbst

V

Verbascum lychnitis Königskerze

AM BESTEN SÄT MAN DIESE KÖNIGSKERZE breitwürfig in Wildblumen- oder Bauerngärten. Sie hat hohe, dünne, fein verzweigte Blütenkerzen mit weißlich gelben Blüten, die aus der Entfernung aussehen, als ob sie in der Luft schweben würden. Die mittelgrünen Blätter (auf der Unterseite weiß) erscheinen an der Basis der Pflanze. Diese hohe Königskerze ist eine zarte Alternative zu der imposanteren, leuchtend gefärbten *V. olympicum*. Die Samen werden im Herbst unter Glas ausgesät; die Pflanzen blühen dann im folgenden Jahr. In magerer, basischer, gut durchlässiger Erde kultivieren.

WEITERE SORTE: *V. arcturus* (lanzettförmige, weich behaarte Blätter; schalenförmige gelbe Blüten).

PFLANZENPROFIL
HÖHE 1,5 m
BREITE 60 cm
STANDORT volle Sonne
BODEN basisch, mager, gut durchlässig
WINTER völlig winterhart
BLÜTE Sommer

Verbascum olympicum Kandelaber-Königskerze

V

DIE HOHE UND KRÄFTIG-AUFRECHTE Kandelaber-Königskerze ist einer der Höhepunkte im Sommer. Sie hat enorme grauweiße, filzige Blätter, die bis zu 60 cm lang werden können und kleine gelbe, schalenförmige Blüten, die an verzweigten, kandelaberähnlichen Stängeln erscheinen. Pflanzen Sie die Kandelaber-Königskerze dort, wo man sie in ihrer ganzen Pracht sehen kann; verstecken Sie sie nicht im Hintergrund einer Rabatte. Säen Sie die Samen im späten Frühjahr oder Frühsommer in ein Frühbeet, und pflanzen Sie die Setzlinge in mageren, basischen, gut durchlässigen Boden. Die Pflanzen blühen erst im zweiten oder dritten Jahr.

WEITERE SORTE: *V. bombyciferum* (blassgelbe, schalenförmige Blüten; weiße, wollig behaarte Blätter).

PFLANZENPROFIL
HÖHE 2 m
BREITE 60 cm
STANDORT volle Sonne
BODEN basisch, mager, gut durchlässig
WINTER völlig winterhart
BLÜTE Frühjahr bis Sommer

V

Verbascum phoeniceum 'Flush of White' Purpur-Königskerze

'FLUSH OF WHITE' IST EINE AUFFÄLLIGE KÖNIGSKERZE mit rein weißen, schalenförmigen Blüten. Sie stehen in großer Zahl dicht an schlanken Stängeln, die sich über die grundständige Rosette aus leicht gebuchteten dunkelgrünen Blättern erheben. Auf die sommerlichen Blüten folgen attraktive Samenstände. Säen sie die Samen im zeitigen Frühjahr unter Glas aus, und pflanzen Sie die Setzlinge in durchschnittliche, gut durchlässige Erde. Die Pflanzen blühen im ersten Jahr.

WEITERE SORTE: *V. phoeniceum* (schalenförmige weiße, rosa oder violette bis dunkel purpurne Blüten).

PFLANZENPROFIL
HÖHE 75 cm
BREITE 45 cm
STANDORT Sonne
BODEN durchschnittlich, gut durchlässig
WINTER völlig winterhart
BLÜTE Sommer

HEILPFLANZE

Die nach Honig duftenden Blüten werden oft zur Behandlung von Ekzemen verwendet. Sie sollen Wunden heilen und bei Husten helfen.

Verbascum thapsus Kleinblütige Königskerze

V

WENN SIE DIE SAMEN DER LUSTIGEN, die Blicke auf sich ziehenden zweijährigen Kleinblütigen Königkerze in einem Jahr aussäen, wird sie im nächsten einen einzigen, wollig behaarten, manchmal verzweigen Stängel mit gelben, schalenförmigen Blüten emporschicken. Die Pflanze macht in jeder Rabatte Eindruck. Ihre Höhe macht sie für Plätze im Hintergrund der Rabatte geeignet, aber am meisten geschätzt wird sie vorne oder in der Mitte, wo sie von niedrigen Pflanzen umgeben ist. Säen Sie die Samen im späten Frühjahr oder Frühsommer in einem Frühbeet aus; unter Glas ausgesät, können sie schon im selben Sommer blühen.

WEITERE SORTE: *V. densiflorum* (schalenförmige, leuchtend gelbe, manchmal weiße Blüten).

PFLANZENPROFIL

HÖHE 2 m

BREITE 45 cm

STANDORT volle Sonne

BODEN basisch, gut durchlässig

WINTER völlig winterhart

BLÜTE Sommer

V

Verbena 'Temari' Verbene, Eisenkraut

DIE EISENKRAUT-SORTEN DER TEMARI-SERIE bieten sowohl Robustheit als auch viele Farben – leuchtendes, blasses und schreiendes Rosa ebenso wie Burgunderrot gehören zu den beliebtesten Farbtönen, die erhältlich sind. Die zweifarbigen Blüten von 'Temari' mit ihrer bestechenden Kombination von Rosa-Purpur und Weiß erscheinen am Ende der langen Stängel über dunkelgrünem Laub. Die Samen im Herbst oder zeitigen Frühjahr unter Glas bei Temperaturen von 18-21 °C aussäen. Im Freien in durchschnittliche, feuchte, aber gut durchlässige Erde setzen.

WEITERE SORTEN: 'Silver Anne' (süß duftende, leuchtend rosafarbene Blüten, die beim Welken silbrig weiß werden); 'Sissinghurst' (magentarosa Blüten).

PFLANZENPROFIL

HÖHE 70 cm

BREITE 60 cm

STANDORT Sonne

BODEN durchschnittlich, feucht, aber gut durchlässig

WINTER völlig winterhart

BLÜTE Sommer bis Herbst

Viola x *wittrockiana* 'Imperial Antique Shades' Stiefmütterchen

V

DIE SANFTEN, BLASSORANGE bis blassapricotfarbenen Blüten der 'Imperial Antique Shades' machen sich gut in Gefäßen und Blumenkästen. Und anders als die meisten großblütigen, aber kompakten Sorten der Imperial-Serie sind die Blütenblätter dieser Sorte nicht gezeichnet. Als ein Ergebnis der Kreuzung mit *V. altaica*, *V. cornuta*, *V. lutea* und *V. tricolor* sind die x *wittrockiana*-Sorten gewöhnlich viel größer und robuster als ihre Mutterpflanzen. Säen Sie die Samen im zeitigen Frühjahr unter Glas oder im Sommer an Ort und Stelle aus, sodass sie im folgenden Winter blühen. In fruchtbaren, feuchten, aber gut durchlässigen Boden pflanzen.

WEITERE SORTE: Bingo-Serie (große Blüten in vielen Farben im Winter und Frühjahr, einige mit dunklerer Zeichnung).

PFLANZENPROFIL
HÖHE 23 cm
BREITE 25 cm
STANDORT volle Sonne oder Halbschatten
BODEN fruchtbar, feucht, aber gut durchlässig
WINTER völlig winterhart
BLÜTE Winter bis frühes Frühjahr

X

Xeranthemum annuum Einjährige Strohblume (Papierblume)

SCHNEIDEN SIE DIE AUFFÄLLIGEN, gänseblümchenähnlichen Blüten dieser Strohblume, bevor sie sich ganz geöffnet haben, und hängen Sie sie kopfüber an einen kühlen, dunklen, gut belüfteten Platz zum Trocknen. Die einfachen bis gefüllten Blüten, die vom Sommer bis zum Herbst gebildet werden, gibt es in einer großen Farbpalette inklusive Weiß, leuchtendem Rosa, Karmesinrot oder Schokoladen-Purpurfarben. Die schlanke, aufrechte Einjährige stammt aus den Steppen und steinigen Böden des Mittelmeerraums und Südwestasiens. Sie hat wollig behaarte, silbrig grüne Blätter an drahtigen Stängeln, die sich an der Basis der Pflanze verzweigen. Die Samen sät man im Frühjahr unter Glas aus. An windigen Plätzen anbinden.

WEITERE SORTE: 'Snow Lady' (einfache, weiße Blüten).

PFLANZENPROFIL

HÖHE 75 cm

BREITE 45 cm

STANDORT volle Sonne

BODEN durchschnittlich, gut durchlässig

WINTER bedingt frosthart

BLÜTE Sommer bis Herbst

Zinnia elegans Peppermint-Stick-Serie Zinnie

DEN EINEN MACHT SIE GROSSE FREUDE, für andere ist sie ein Schandfleck, den man verstecken muss: Die bizarr aussehenden Blüten der Peppermint-Stick-Serie sind deutlich anders als die gewöhnlich dahlienähnlichen Blütenköpfe der meisten Zinnien. Die Blüten sitzen ballförmig an kräftigen, aufrechten Stängeln, und die gefleckten und gestreiften Blütenblätter leuchten in vielen überschwänglichen Farben. Säen Sie die Samen in Abständen ab dem zeitigen Frühjahr unter Glas oder im späten Frühjahr an Ort und Stelle aus. Ziehen Sie die Pflanzen in fruchtbarer, gut durchlässiger Erde.

WEITERE SORTEN: 'Envy' (halb gefüllte, chartreusegrüne Blüten); Thumbelina Serie (klein; einfache oder halb gefüllte, gelbe, rote, magentarote oder blassrosa Blüten).

PFLANZENPROFIL

HÖHE 60 cm

BREITE 30 cm

STANDORT volle Sonne

BODEN fruchtbar, gut durchlässig

WINTER Minimum 10 °C

BLÜTE Sommer bis Herbst

T

V

W

Z